普天之下・盡是好書

普天 出版家族
Popular Press Family

凌雲 文創
A-Plus Creative Company

楚映天——編著

和別人打交道，一定要掌握說話辦事的訣竅

會說話好辦事

法國哲學家拉布呂耶爾說：
有時候，談話的妙處並不在於表達自己的想法，而是在引發別人的想法，讓他主動接受自己的觀點。

深諳說話的藝術，人與人之間就可以在融洽愉悅的氣氛中，交流彼此的想法和看法。
有時候，你和對方並沒有交集，但是，透過巧妙的說話技巧，卻可以讓彼此敞開胸懷，順利達成自己的目的。

想提昇自己的競爭力，和別人打交道，一定要掌握說話辦事的訣竅。

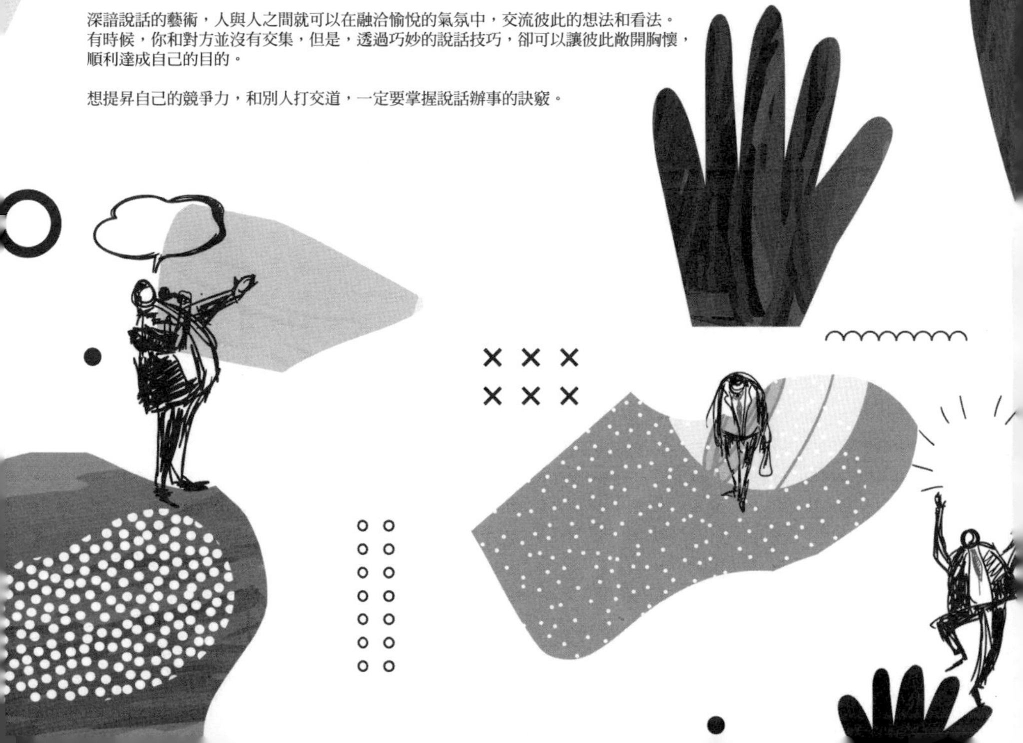

•出版序•

和別人打交道，要掌握說話辦事技巧

•楚映天

> 懂得如何說話辦事是絕大多數成功人士的兩大資本，想打開人生的僵局，想開創前程遠景，你就必須成為一名說話的高手，辦事的專家。

法國哲學家拉布呂耶爾說：「有時候，談話的妙處並不在於表達自己的想法，而是在引發別人的想法，讓他主動接受自己的觀點。」

深諳說話的藝術，人與人之間就可以在融洽愉悅的氣氛中，交流彼此的想法和看法。有時候，你和對方並沒有交集，但是，透過巧妙的說話技巧，卻可以讓彼此敞開胸懷，順利達成自己的目的。

想提昇自己的競爭力，和別人打交道，一定要掌握說話辦事的訣竅。

說話是一門技巧性很強的應對藝術，直接影響一個人辦事的成功率。也許，你對這種說法不屑一顧，甚至認爲有些可笑。事實上，你會這麼認爲，是因爲你尚未眞正悟透說話的奧妙。

美國加利福尼亞大學羅伯爾克在《說話的九大力量》一書中說：「說話看起來輕而易舉，就是要把自己要說的意思表達給對方即可。這是絕大多數人的觀點，當然也是一種淺薄的觀點。我只想問這些人一個問題，為什麼有人在應聘的時候，能夠巧妙展現自己說話的藝術，一下子就勾住老闆的心？為什麼有人應答起來張口結舌，像松鼠一樣顫抖，給老闆留下能力極弱的感覺？很顯然，說話起了關鍵性的作用。」

通用公司前總裁傑克．威爾許有一句名言：「員工的說話能力，是素質高低的試金石。」

威爾許歷練豐富、閱人無數，會這麼說，自然有一番道理。因爲，他知道最高明的說話高手深諳把自己心中的話變爲成功的因子。

說話是聰明人的成功學問。例如，戰國時期「名嘴」張儀和蘇秦就是靠高妙的說話藝術打出了「合縱連橫」的戰術，諸葛亮「舌戰群儒」更是說話的千古一絕的精彩案例。

再如第二次世界大戰時「鐵腕英雄」丘吉爾面臨德軍的強力擠壓，盪氣迴腸的演講激發了英國人民的豪情鬥志，彷彿倫敦整個上空迴盪著「永不放棄，永不放棄，永不放棄……」的戰鬥鼓聲。

試想一下，如果欠缺絕妙的說話藝術，他們豈能成就大事？

本書的特點是：

• 把自己變成一個善於說話的聰明人，用最巧妙的語言，把話說到對方的心裡，為自己順利鑿開一條成功通道。
• 學會臨機應變，把不好說出口的話，透過迂迴戰術，滲透對方的心裡。
• 學會讚美和傾聽，滿足對方的說話慾望，然後再抓住時機，設計地佈置出幾條可行的套路。

總之，會說話辦事的人知道什麼時候該說什麼，不該說什麼，知道在什麼時候該做什麼，不該做什麼。這些看似尋常，實則蘊含著大智慧、大學問。想要在現實社會中成功，不能光靠埋頭苦幹，還要靠說話的技巧、辦事的能力。

爲什麼對很多人來說，說話和辦事成爲頭等的難題，一張口就會不知所云，一動手就會亂陣腳，導致人際關係不佳？

關鍵就在於，他們沒有把說話與辦事當成一門學問認眞對待，不多加學習，自然難以心想事成。

懂得如何說話辦事是絕大多數成功人士的兩大資本，也是他們成功的跳板。想打開人生的僵局，想開創前程遠景，你就必須成爲一名說話的高手，辦事的專家，讓自己成爲受人歡迎的人！

PART 1

讓你的話語充滿滲透力

恰到好處地使用說話語氣，不僅能充分地表達說話者的意思和情感，而且還能使話語充滿感染力、滲透力。

PART 2

用恰當的方式，讓對方改變態度

面對別人的冷遇時們必須冷靜地思考，弄清問題的真正原因，這樣才能採取靈活的相應對策，讓對方改善態度。

PART 3

笑臉迎人，勝算更多好幾分

溝通中如果少了微笑，言語將顯得黯然無味，倘若少了和氣，交流也無法進行下去。

PART 4

適當的讚美助你事半功倍

當對方犯了錯誤，不要毫不留情的給予指責，最好的溝通方式是透過讚美先緩和關係，然後再給予適當責備。

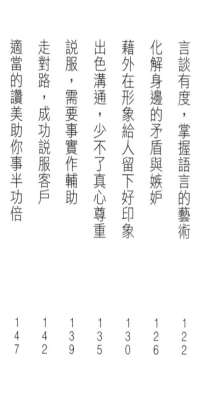

PART 5

微笑，是最有效的溝通技巧

社交活動中，微笑是一項極有效的技巧，更是禮貌的體現，可以表現出一個人的涵養和水準。

PART 6 保持冷靜是解決糾紛的最好途徑

身為下屬，必須謹記一件事情：無論如何，都要讓自己保持冷靜，同時做好自己該做的事。

PART 7 坦然面對，問題才會解決

無論在商場還是談判席上，普遍適用的不變法則，就是面對抱怨時，絕對不可逃避，唯有坦然面對，才是解決之道。

PART 8 相互尊重，有利於溝通

人與人之間的溝通交流都是相互的，投之以桃，才能報之以李。要想贏得真正的友誼，首先要懂得寬以待人的道理。

PART 1

讓你的話語充滿滲透力

恰到好處地使用說話語氣，

不僅能充分地表達說話者的意思和情感，

而且還能使話語充滿感染力、滲透力。

風度，代表為人處世的態度

風度不還代表了一個人為人處世的態度。想要與人交涉、溝通圓滿順利，那就必須隨時都表現出謙虛恭謹的態度。

德國心理學家馬克·拉莫斯曾經提醒我們：「不管贊成或者反對某件事，兩種意見總是會有大量的理由。語言的藝術就在於如何充分地表達，但是百分之九十九的人，卻經常忽略說話的重要性。」

每個人價值觀念不同，行事風格大異其趣，說話的方式也不盡相同，因此和別人交道時應當察言觀色，對不同的人應當採取不同的說話方式，並且時時注意變換談話的內容，如此方能建立起更和諧、更廣泛的人際關係。

語言是溝通彼此意見的工具，如能妥善運用，使雙方都能在隨和親切的情況下進行交涉，它就成爲你事業及生活上的利器了。

一個擅於會話的人，多半也是一位成功的交涉者。

日本著名作家多湖輝在《言詞的用法》裡面，曾提到有效發揮「語言的力量」的方法：

- 發言、發音力求清晰，要做到這點，就必須儘量張大嘴巴說話。
- 要使用大眾普遍能理解的言詞，這是和對方交談應具備的常識。
- 說話要有分寸，要區別在什麼場合，該說什麼樣的話。
- 要留心自己說話的毛病，避免使用口頭禪。
- 對於言詞運用要準確，力求平順、切題。
- 要懂得說話的技巧，不說模稜兩可的話，而應研究如何以有限的詞語，表達無限的意念。
- 要有豐富的聯想力，讓說話更添風采。

- 要懂得灑脫和幽默，這是增進友誼的靈藥。
- 要培養多種興趣，假如你在意人與人的交往，就應表現出事事關心的態度，並做一個有愛心、有趣味的人。
- 要誠心誠意，要用心去與人溝通、交往，倘若不能做到這點，一切交涉均屬枉然。

要想成爲一個善於會話、交涉的人，必須懂得用謙恭的態度對人，只有這樣才能表現出自己的風度和良好的品格。

在談話之中，要隨時注意在適當的時機、地點，表達出適當的言詞。

一位電視新聞節目主持人曾說：在日常生活中，千萬不要忘了說「謝謝」這兩個字，因爲一個人的風度，往往就在不經意的禮貌中顯現出來。

風度不僅僅是語言的表現，還代表了一個人爲人處世的態度。想要與人交涉、溝通圓滿順利，那就必須隨時都表現出謙虛恭謹的態度。

如何提高自己的說話技巧？

想要提高自己說話的技巧，除了不斷吸收新知外，就是要多多與人交談，這樣才能從中獲得經驗，讓自己說得更有藝術。

每一次談話，無論內容如何瑣碎，都要掌握重點，這也是談話的目的。

掌握重點能夠促進你和對方的關係，你必須使對方知道你是一個有思想、有觀點的人，絕非說話拉拉雜雜、毫無重點，因爲無聊、空洞的會話，絕不能使對方對你留下良好的印象。

如果你具有豐富的知識常識，交談之時便可以拿出來當做談資。一個時常參與社交活動的人，當然會與他人頻繁地發生接觸，對於形形色色的世界，自己應當努力去獲取各方面的知識、常識。

怎樣才能得到這些知識、常識，以便在談話之時運用，對彼此有所幫助呢？最好方法，便是每天瀏覽新聞，隨時留意國內外發生的大事。此外，還有個方法便是時常和人談話。

當你閒來無事時可以和別人談談天，交談次數愈多，不單腦子裡可以貯藏更多知識、常識，當成下次談話的資料，而且也可以訓練你開口說話，談話的技術也會更加熟練。

世界著名的談話藝術專家卻司脫．費爾特，曾經教人談話時應該注意下列一些問題。

• 你應該時常說話，但不必說得太長。儘量少敘述冗長的故事，就算要說，也必須貼切而簡要。

• 和人談話之時，要注意到態度。不要拉住別人的衣袖，手腳亂劃地講話，態度要和順一些，切忌妄自尊大，要避免和對方爭論。

• 談話時不要做自我宣傳，把自己捧上天。外表應該坦白而率直，內心應該謹慎而仔細。

- 談話的時候，姿態可以表現你的誠意，所以要正面向著對方，不要隨隨便便，也不要模仿他。
- 談話之時開口賭咒，閉口發毒誓，是既壞又蠢而且粗鄙的事。
- 高聲哄笑，是文化素養不高的表現。此外，沒有再比咬耳朵，像蚊蟲叫似的談話態度更叫人難受的了！

這位談話藝術專家所列的各條教育人家的談話藝術，值得我們參考。不管什麼性質的談話，必須記住，千萬不可說到會觸怒他人的話題。在你面前聽你談話的人，同時也是觀察者，一定會從談話中窺測你的個性，同時也在留意你日後是否會說他的壞話！

想要提高自己說話的技巧，除了不斷吸收新知外，就是要多多與人交談，這樣才能從中獲得經驗，讓自己說得更有藝術。

嚴守分際，才不誤入雷區

人際交往中，除適時地展現自己的優點與長處外，更重要的是嚴守分寸，如此才能避免踏入誤區。

有的人口齒伶俐，在交際場上口若懸河、滔滔不絕，這固然是不少人嚮往的，但是，假若口無遮攔，說錯了話，說漏了嘴，因言行不慎而讓別人下不了台，或把事情搞糟，也是不禮貌的，也是不明智的。

因此，在與人交談時必須注意幾個要點：

• 避免當眾揭對方的隱私和錯處

有人喜歡當眾談及對方隱私、錯誤，這是最應當避免的壞習慣。

心理學研究顯示，誰都不願讓自己的錯誤或隱私在公衆面前曝光，一旦被人揭露，就會感到難堪而惱怒。因此，交談時，應儘量避免觸及這些敏感區，以免使對方當衆出醜。

必要時可以採用委婉的話語，暗示對方你已知道他的錯處或隱私，讓他感到壓力，但不必把話說明。知趣的、會權衡的人只須「點到即止」，自然會顧全自己的顏面而退讓。

當面揭短，讓對方出醜，是非常不智的行爲，這可能會使對方惱羞成怒，出現很難堪的局面。

●避免故意渲染和張揚對方的失誤

在交際場合，常會碰到這類情況，有人講了一句外行話，念錯了一個字，搞錯了一個人的名字，被人搶白了兩句……等等。

發生這種情況，對方必然十分尷尬，深怕更多人知道。一般說來，只要這種失誤無關大局，就不必大加張揚，故意搞得人人皆知，更不要抱著幸災樂禍的態度，拿人家的失誤來做取笑的材料。

這樣做不僅對自己無益，也會傷害對方的自尊心，說不定因此結下怨敵。同時，這也有損你自己的形象，人們會認爲你是個刻薄饒舌、喜歡落井下石的人，會對你反感、產生戒心，敬而遠之。所以，渲染他人的失誤，實在是一件損人而又不利己的事。

● 避免不給人留餘地

在社交場合，有時會有一些競爭性的活動，比如下棋、乒乓球賽等，儘管只是一些娛樂性活動，但人的競爭心理總是希望自己贏得勝利。一些「棋迷」、「球迷」更是如此，常常忘了這些活動只是娛樂。

深諳社交法則的人，在自己取勝把握比較大的情況下，往往不會讓對方輸得太慘，而是適度給對方留點面子，讓他也贏個一兩局。尤其在對方是老人、長輩的情況下，你若讓對方狼狽不堪，有時還可能引來意想不到的後果，造成無法收拾的場面。

既然是交流感情、增進友誼的活動，又何必釀成不愉快的局面呢？

在其他的事情上也一樣，集體活動中，獨領風騷的行爲是不利於人際交往的。你固然多才多藝，但也要給別人一點表現自己的機會；你縱使足智多謀，也不妨徵求一下別人的意見。

• 避免參與對方的決策

在社交場合，如果見到幾個人湊在一起密謀事項，最好避開，你若是發表意見、議論，這種情況是很危險的。

因爲這麼一來，你或許會因多說幾句而成了他們的同夥。你縱然能謹守秘密，但消息一走漏，對方必然會懷疑是你洩的密，令你無法辯白。

所以，涉及某些密謀和計劃，你最好裝聾作啞。千萬不要試圖去打探、參與，也不要評說，免得惹來一身腥。

• 避免交淺言深

人際交往中，我們有時結識了新朋友，即使你對他有一定好感，但畢竟是初交，缺乏更深切的瞭解，不宜交淺言深，也不要輕易爲對方出主意。

因爲，你的熱心很可能落得「出力不討好」。

對方若是按照你的主意去做，卻行不通，很可能以爲你在捉弄他，因而怪罪你，即使行之有效，他也不一定會感激你。除非是好朋友，否則不宜說深入的話題。

• 不要奪人功勞

對方若自視甚高、躊躇滿志，也確實有一些能力，深恐功勞被你搶去，這時你講話要注意，一定要當他的面宣揚他的功勞，表明你並無搶功的意思，令他放心。這樣表態，對方就不會因防範而找你碴了。

• 不要強人所難

有些事情，對方認爲不能做，但你認爲應該做；或者對方箭在弦上，不得不發，你卻認爲不該做，或做不了。這種時候，你不要把自己的意見強加於人。強人所難，是不禮貌，也是不明智的。

•避免說話不看時機

有的人說話時無視旁人、滔滔不絕，不看別人臉色，不看時機場合，只管滿足自己的表現慾，這是修養不佳的表現。說話應注意對方的反應，不斷調整自己的情緒和講話內容，使談話更有意思，更爲融洽。

在人際交往中，除適時展現自己的優點與長處外，更重要的是嚴守分際，如此才能避免踏入雷區。

真心聆聽，才能獲得信任

傾聽的原則最主要在於真心與耐心，並適時地進行鼓勵和反饋，唯有真心誠意地傾聽對方的談話，才可得到對方的信任。

英國作家斯威夫特說：「在交談當中，有的人用些陳腔濫調折磨著每一個賓客，不讓自己的舌頭休息片刻，卻自以為是學識淵博。」

不尊重別人感受與立場的人，不管擁有如何高深的學識，最終只會引起別人的討厭與嫌惡，很難達到有效溝通的目的。

說話辦事之時，態度要不卑不亢，在論述自己意見的同時，如果能同時運用傾聽的技巧，流露出尊重對方立場的態度，無形之中就會讓彼此的交流愈來愈順暢。

•真心願意聽，並集中注意力

如果你沒有時間，或因別的原因不想傾聽某人談話時，最好是客氣地提出來：「對不起，我很想聽你說，但我今天還有其他事必須完成。」

如果你不是眞心願意聽卻勉強應付，或裝著傾聽，有可能會不自覺地開小差，對方會對你的心不在焉產生不滿。設身處地想想，對一個漠視你談話又勉強應付的人，你的感覺會如何？

傾聽別人說話可能會耽誤一些時間，但傾聽對自己和對方都有好處，如果時間允許，那就專心傾聽他人談話，對增進彼此的情誼會有很大助益。只要眞心眞意，就能集中注意力。

•要有耐心

要等待或鼓勵說話者把話說完，這是傾聽的前提。

有些人語言表達能力不好，說話可能會有些零散或混亂，但你要有足夠的耐心，讓對方把事情說清楚。

如果聽到不能接受的觀點，甚至某些傷感情的話，也不必急忙打斷，應該耐心聽完。你不一定要同意對方的觀點，但可表示理解。

一定要想辦法讓說話的人把話說完，否則無法達到傾聽的目的。

•避免某些不良的習慣

隨便插話打岔、改變說話者的思路和話題、任意評論和表態、把話題拉到自己的事情上來、一心二用做其他事……等等，這些都是常見的不良習慣，會讓人留下不良印象。

聽別人說話之時，這些壞習慣應該避免出現，要把注意力集中在傾聽、理解對方所說的話上，迴避一些不利傾聽的習慣。

•適時進行鼓勵和表示理解

傾聽一般以安靜細聽爲主，臉向著說話者，眼睛看著對方的眼睛或手勢，以身體輔助語言。同時，必須用簡短的語言如「對」、「是的」等，或點頭微笑進行適時的鼓勵，表示你的理解或共鳴，讓對方知道，你在認眞地聽，並且聽懂了。

如果沒聽懂，可以要求對方重複一遍，或解釋一下，這樣說話的人就能順利地把話說下去。

‧適時做出反饋

當說話者的話告一段落時，你可以做出聽懂對方話語的反饋。

準確的反饋對說話者會有極大的鼓舞，比如：「你剛才的意思是……」、「你的話是不是可以這樣來概括……」等等。

傾聽的原則最重要在於眞心與耐心，並適時進行鼓勵和反饋，唯有眞心誠意地傾聽對方談話，才可得到對方的信任。

透過表情打動對方的心

微笑是待人友好的表露，無論進行什麼形式的溝通，首先要打動對方的心，所有表情當中最能贏得人心的就是微笑。

美國心理學家艾帕爾．梅拉別思曾總結出這樣的公式：「情感表達是七％的言詞，加三十八％的語調，再加上五十五％的面部表情。」

表情語言是透過面部表情來交流思想感情、傳遞訊息的語言，它是肢體語言中最重要的一種。

有人統計，在人類的肢體語言中，表情語言就佔了三十五．七％。

其中，光眉毛的動作表情就有二十餘種：皺眉表示爲難，橫眉表示輕蔑，揚眉表示喜悅，展眉表示寬慰，擠眉表示戲謔，低眉表示順從，鎖眉表示憂愁，喜眉表示歡愉，飛眉表示興奮，豎眉表示憤怒……等等。

嘴唇的表情性也極其豐富：撇嘴表示不願，噘嘴表示不快，抿嘴表示害臊，舒嘴表示放鬆，咧嘴表示不高興，歪嘴表示不服等。

正因爲面部表情能如此靈敏、細膩、微妙地表達人們內心極其複雜的情感，因此法國作家羅曼．羅蘭強調指出：「面部表情是多少世紀培養成功的語言，是比嘴裡講的更複雜千百倍的語言。」

• 微笑

微笑是面部略帶笑容，這是一種不出聲的笑，有著極其豐富的內涵。培根有句名言：「含蓄的微笑，往往比口若懸河更為可貴。」

當你到商店購物時，希望服務人員微笑服務；當你拜訪客戶時，希望看到對方的笑臉；當你向上級彙報工作時，期待著上司滿意的微笑；當你回到家裡時，期望看到親人溫馨的微笑；當你工作上遇到困難、出了差錯時，又多麼希望獲得理解和諒解的微笑。

微笑是善意的標誌，可以柔克剛、溝通情感、融洽氣氛、緩解矛盾，爲說話、溝通打下良好的基礎。

活在商業社會，免不了要與各式各樣的人打交道，應該善於運用微笑這項「武器」來處理好人與人之間的關係。

發自內心的微笑是美好心靈的呈現，也是心地善良、待人友好的表露，是一個人文化、風度、涵養的具體體現。

試想，如果面部表情淡漠，或緊皺眉頭、鐵青著臉，或惡聲惡氣，又怎能與人溝通、辦好事情呢？

無論進行什麼形式的溝通，首先要打動對方的心，所有表情當中最能贏得人心的就是微笑。平日在運用微笑傳情達意時，一要眞誠自然，二要適度得體，千萬不可皮笑肉不笑、虛情假意地笑。硬「擠」出來的笑，只會令人反感、不舒服！

• 眼神

在面部表情中，最生動、最複雜、最微妙，也最富有表現力的，莫若眼神了。眼神是運用眼睛來表達感情、傳遞訊息的無聲語言。如果說臉孔是「心靈的鏡子」，那麼，眼睛就是「心靈的窗戶」了。

在肢體語言中，眼睛最能傾訴感情、溝通心靈。眼神千變萬化，表露著豐富多彩的內心世界。

與人交談時，正視對方，表明對對方的尊重；斜視對方，表明對對方的蔑視。看的次數多，表明對對方的好感和重視；看的次數很少或不屑一顧，表明對對方的反感和輕視。

眼睛眨動的次數多，表示喜悅和歡快，也可表示疑問或生氣；眼神眨動的次數少甚至凝視不動，表示驚奇、恐懼和憂傷。

如果不敢直視對方，可能是因爲害羞，也可能有什麼事不願讓對方知道。如果懷有敵意的雙方互相緊盯著，其中一方突然把眼光移向別處，則意味著退縮和膽怯。

如果有一方不停地轉動著眼球，這就要提防他打什麼新主意或壞主意。如果是頻繁而急促地眨眼，也許是表示羞愧、內疚，但也可能表明他在撒謊。

瞬息萬變的眼神，正是人們蘊藏於內心深處複雜思想和豐富感情的不自覺流露。

說話辦事時，如果能恰當地運用眼神，可以增強有聲語言的表達效果。平日與人交往中，如果用眼神和對方交流，眼睛流露出熱情、眞誠的神色，就會使對方感到你對他的歡迎和尊重，認爲你是可信賴的人。

說話靈活，才能收到好效果

想鍛鍊卓越的語言技巧，必須對語言的感覺很有把握，必須要有豐富的辭彙和多變的音調，而且使用流暢、漂亮的用語，這樣才能表現出靈活的魅力。

良好的談吐可以助人成功，蹩腳的談吐則讓人處處碰壁。在日常生活中，我們可以看到，有的人口若懸河，有的人期期艾艾，有的人談吐雋永，有的人語言粗鄙，有的人唇槍舌劍，有的人講話不知所云……

人們的口語表達能力有高低之分，說話的效果也天差地別的。因此，想要成爲說話高手，就必須先把握其中奧秘。

一個人的話語能不能被別人接受，取決於可信度，而要提高可信度，在形象上要做到衣著恰當、舉止大方、談吐自然得體、眼神專注、表情沉穩。

不同的人接受他人意見的方式和敏感度都不同。

一般來說，文化水準較高的人，不屑聽膚淺、通俗的話，應多用高雅的詞句。文化層次較低的人，聽不懂高深的理論，應多舉明顯的事例。

剛愎自用的人，不宜循循善誘，可以激他；喜歡誇大的人，不宜用平實的話語，不妨多加誘導。生性沉默的人，要多挑動他發言；脾氣急躁的人，用語要簡明快捷。思想頑固的人，要看準他的興趣點，進行轉化；情緒不穩定的人，要讓他恢復正常後才談。

只有知己知彼，才能對症下藥，收到最好的效果。

進行對話前，你有必要對下列問題仔細地考慮：你要對誰講？將要講什麼？爲什麼要講這些內容？怎麼講法？有什麼有利因素和不利因素？

有一次，美國前國務卿季辛吉對周恩來說：「我發現你們中國人走路都喜歡弓著背，而我們美國人走路大都挺著胸！這是為什麼？」

對季辛吉這句話首先要做出準確的判斷，是惡意，還是玩笑？

這不能說是友善的話語，但也沒有明顯的惡意，話語帶有調侃的色彩。所以，周恩來用調侃的口吻回答說：「這個好理解，我們中國人走上坡路，當然是弓著的；你們美國人在走下坡路，當然是挺著胸的。」說完，哈哈大笑。

周恩來的應變確實敏捷，分寸掌握得十分恰當，既有反唇相譏的意味，又帶有半開玩笑的情趣；既不影響談話的友好氣氛，又表現了自信，可謂恰如其分，表現了卓越的語言技巧。

想鍛鍊卓越的語言技巧，無論對象是男性還是女性，都必須對語言的感覺很有把握，必須要有豐富的辭彙和多變的音調，而且使用流暢、漂亮的用語，這樣才能表現出靈活的魅力。

言為心聲，語言的使用，取決於說話者的思想水準、文化修養，但講究語言的藝術也同樣十分重要，因為同樣一件事，從不同的人嘴裡說出，往往會收到不同的效果。

讓你的話語充滿滲透力

恰到好處地使用說話語氣，不僅能充分地表達說話者的意思和情感，而且還能使話語充滿感染力、滲透力。

說話是交流訊息、傳情達意的一個重要手段，至於聲音則是透過發音器官的有意識控制表現出來的。根據說話時用聲用氣的心理狀態及規律，我們可以把聲和氣簡單地分爲以下幾種類型。

・和聲細氣

這種聲音和語氣宛如柔和的月光和涓涓的泉水，由人心底流出，不僅輕鬆自然、和藹親切、不緊不慢，還能給聽者舒適、安逸、細膩、親密、友好、溫馨的感覺。人在請求、詢問、安慰、陳述意見時常使用這種聲音和語氣，這種聲和氣的運用更具有一種迷人的魅力。

・輕聲和氣

它可以表現說話者的尊敬、謙恭、謹慎和文雅。

和別人交談時，輕聲和氣可以縮短人與人之間的感情距離，拉近雙方之間的關係，有時還能避免一些可能會招致的麻煩。

・大聲吼氣

大聲吼氣可以表現說話者的英勇精神、堅強意志和剛毅決心。

此外，它還表示威脅、指責、氣怒、宣洩等意思，並且有著強化意識、渲染氣氛、深化表現力度等作用。

・高聲大氣

這是一種用來召喚、鼓動、說理、強調和表達自己激動心情的聲和氣，可以表現說話者的激情和粗獷豪放的氣質。

雖然高聲大氣和大聲吼氣都屬於高音頻和高調值，但是，它和大聲吼氣卻有所不同，通常是用來表示極度的歡喜或慷慨激昂。

•粗聲粗氣

日常工作和生活中，人難免會遇到一些麻煩或苦惱，粗聲粗氣地說話便成了一種自我排憂解愁的好方法。

不過，聽者習慣把粗聲粗氣與指責、反駁、訓斥、頂撞、反感、抱怨等內涵聯繫在一起。因此，情緒不佳時要提醒自己，不要使用這種方式說話。

•惡聲惡氣

世界雖然美好，但仍然有心術不善的人或令人深惡痛絕的事。用惡聲惡氣來斥責這些醜惡的人或事，可以表達警告、怒斥、敵視、憎恨、蔑視、制止等意思。此外，它還代表著說話者正在宣洩不滿和憤怒等情緒。

・冷聲冷氣

由於某種特殊的原因，說話者不能或不便用惡聲惡氣公開表示自己和情感，便會用冷聲冷氣代替。冷聲冷氣除了可以間接地表達惡聲惡氣所表示的意思外，還表示厭惡、譏諷、挖苦、不願意、不贊成等意涵。

・怪聲怪氣

人習慣把自己憎惡或討厭的人在說話時所使用的聲和氣看做是怪聲怪氣。因而，這種聲和氣常含有貶義。

不過，在有些場合，模仿自己憎惡或討厭的人的怪聲怪氣，倒能表示蔑視、憎惡等意思，產生挖苦、嘲諷等作用。

・低聲下氣

說話者對有身分、有地位、有某種特殊背景，或是自己敬重的人說話時，爲了表示尊敬，會採用這種特殊的聲和氣。不過，頻繁使用會被看做是奴顏媚骨的表現。

• 唉聲歎氣

人不時會遇到一些憂愁苦悶、不快或自己力不及的事情。唉聲歎氣是發洩說話者內心的苦悶和表示因自己無能而感到抱歉、追悔和內疚。

• 怨聲怨氣

遇到不公正、令人不滿和不快的人或事情，很多人會在言語中表露埋怨、哀怨、不滿、不快等情緒。從某種角度來說，這也是一種發洩內心不快和自我安慰的方法。

• 有聲無氣

在某些情況下，有的人說起話來有氣無力。這種說話方式表明說話者精神沮喪、意志消沉、心煩意亂、缺乏興趣或體力不濟。

・吞聲忍氣

這是一種有意識的吞音現象，通常表示說話者內疚、恐懼、慚愧、遺憾、無奈、懦弱等心理狀態和性格特徵。常言的「欲言又止」在一定程度上也屬於這種範疇。

・屏聲屏氣

由於某種特殊的原因，說話者無意識地暫時抑止聲和氣，或者有意識地閉住聲和氣，這樣往往能製造某種設想的說話效果，比如吸引、被吸引、尊敬、謹慎等等。

・泣聲悲氣

當說話者感到悲憤、蒼涼、傷感時，說起話來便會帶有無意識的泣聲悲氣。善於表演的人能藉此表現極度的哀傷，喚起聽者的憐憫和同情。這種聲和氣的最大特點就是氣多於聲。

不同的聲和氣表達著不同的意思，因此說話時，不僅要注重遣詞用字，更應該要選用好恰當的聲和氣。這一點十分重要，否則再美的詞語也會失去光彩，並很有可能引起對方的猜疑、妒忌、不滿、反駁、敵視、唾棄和嘲笑。

使用聲和氣的時候，還必須遵循下列幾項基本原則。

・貼切語義

聲和氣所表示的特定意思是長期使用過程中逐步形成的，不能根據個人的好惡隨意地違背或者改變。

例如，我們不能大聲吼氣來抒發自己的柔情蜜意，不能用粗聲粗氣來稱讚別人，更不能用惡聲惡氣來表現激動的心情，否則就不能準確地表達本意，甚至還會招致麻煩和痛苦。只有遵循聲和氣的語義特點，選用恰當的聲和氣，才能準確地表達思想感情。

‧避免歧義

相同的詞語配上不同的聲和氣往往會產生不同的意思，這是語言的一種歧義現象。

有些話粗聲粗氣說，表示反感、抱怨、指責；惡聲惡氣說，表示怒斥、憎恨、警告；陰聲陰氣說，表示詛咒；因此，要盡力避免可能出現的歧義現象。

‧區別對待

不能忽視說話對象的年齡、性別、社會地位、文化修養等因素，也不能不分使用的時間及場合。要根據說話對象和不同場合，選用不同的聲和氣。

恰到好處地使用說話語氣，不僅能充分表達說話者的意思和情感，而且還能使話語充滿感染力、滲透力。

要讓自己的話語生動有趣

生動的語言才能悅耳動聽，讓人有如沐春風的感覺，才能吸引到別人說話的興趣，平時一定要練習自己的說話技巧，才會更受喜愛。

有些人講話很容易給人生硬、僵化的印象，枯燥的語言、乾巴巴的語氣，最容易令人反感，也提不起別人說話的興趣。

因此，不論什麼形式的交談，都必須讓自己的話語生動有趣。

生動的語言具有下列幾個要素，能夠像和煦的春風一樣讓和你交談的人感到自然、親切。

第一，淺顯易懂

說話應該淺顯易懂，避免使用深奧難懂的詞彙和字眼。但口語化不等於不加選擇地使用日常用語，仍然要講求語言藝術和說話技巧，不要流於粗俗。

淺顯易懂並沒那麼容易做到，因爲要用大眾易於理解的語言表達出深刻的思想觀點、複雜的事件、重要的問題，沒有一定的語言功底是達不到的。

第二，樸實自然

一般人用耳朵接受訊息，往往不那麼全神貫注，如果拐彎抹角、賣弄文字遊戲，對方就會感到費解。樸實無華、自然順暢的話語才能使聽眾易於理解。

第三，簡短明晰

在一個句子中只表達一種意思或觀點，經由簡短的詞語組成的陳述句，最能夠達成溝通的效用。要盡可能減少混亂，清晰地敘述一件事，才能讓聽眾一聽即懂。

第四，多用雙音詞

單音詞只有一個音節，一閃即過，而雙音詞有兩個音節，音波存在時間長，能給人印象深一些。例如：把「曾」換成「曾經」，把「雖」換成「雖然」，把「乃」換成「就是」等。

第五，節奏感強

應該儘量使語言有節奏感，因爲節奏感強的語句會給人和諧的聽覺感受，容易記憶，也容易接受。

說話加強節奏感，聽眾也會跟著有精神、來情緒；如果說起話來慢條斯理，拖泥帶水，聽眾往往會產生疲倦的感覺，提不起精神，失去傾聽的耐心。

生動的語言才能悅耳動聽，讓人有如沐春風的感覺，才能吸引別人對話的興趣，平時一定要多加練習自己的說話技巧，才會更受喜愛。

PART 2

用恰當的方式，讓對方改變態度

面對別人的冷遇時們必須冷靜地思考，

弄清問題的真正原因，

這樣才能採取靈活的相應對策，讓對方改善態度。

用恰當的方式，讓對方改變態度

面對別人的冷遇時們必須冷靜地思考，弄清問題的真正原因，這樣才能採取靈活的相應對策，讓對方改善態度。

說話辦事之時，萬一備受冷遇，千萬不能灰心氣餒，而是要區別情況，弄清原委，再決定對策。

根據實際情況，可選用下列四種策略：

- 設身處地為別人著想

對於無意的冷遇，應該採取理解和寬容的態度。

在交際場合，有時出席的人多，主人難免照應不周，特別是各類、各層次人員同席時，出現顧此失彼的情形是常見的。這時，照顧不到的人就會產生被冷落的感覺。

當你遇到這種情況，千萬不要責怪對方，更不要拂袖而去。相反的，應設身處地爲對方想一想，給以充分的理解和體諒。

•面對冷遇，不一定要針鋒相對

遇到故意的冷落要做具體分析，必要的情況下也可採取針鋒相對的手段，給予恰當的回擊。

當衆給來賓冷淡待遇是一種不禮貌行爲，在這種情況下，給以必要的回擊，既是維護自尊的需要，也是刺激對方、批判錯誤的正當行爲。

當然，回擊並不一定非得直接開罵不可，譏諷性幽默就是很好的方法。

有一天，納斯列金穿著舊衣服去參加宴會。他走進門之後，既沒有人理睬他，更沒人給他安排座位。

於是，他便回到家裡，把最好的衣服穿起來，又來到宴會上。這時，主人馬上走過來迎接等他，安排了一個好位子，為他擺了最好的菜。

納斯列金這時把外套脫下來，放在餐桌上說：「外衣，吃吧。」

主人感到奇怪，問道：「你這是幹什麼呢？」

納斯列金答道：「我在招待我的外衣吃東西。你們這些酒和菜，不是給衣服吃的嗎？」

主人的臉刷地紅了。

•抓住對方的要害

與高傲的人打交道最容易遭到冷遇，這時也可採取類似針鋒相對的方法，以不卑不亢的態度，直擊對方要害，打掉他賴以爲傲的資本。這時，對方會從自身的利益出發，放下架子，認眞地把你放在同等地位上交往。

有一次，美國石油大王洛克菲勒的兒子約翰．洛克菲勒，代表父親與鋼鐵大王摩根談判關於梅薩比礦區的買賣交易。

摩根是一個傲慢專橫的人，看到年僅二十七歲的小洛克菲勒走進他的辦公室，並不在意，繼續和一位同事談話。

直到有人通報介紹後，摩根才對小洛克菲勒瞪著眼睛大聲說：「喔，你們要什麼價錢？」

小洛克菲勒並沒有被摩根的盛氣凌人嚇倒，盯著他禮貌地答道：「摩根先生，我看你一定誤會了。不是我到這裡來求售，我的理解是你想要買。」

老摩根聽了年輕人的話，頓時目瞪口呆，沉默片刻，終於改變了聲調。最後，透過談判，摩根答應了洛克菲勒提出的售價。

在這次交鋒中，小洛克菲勒就是抓住了問題的關鍵，針對摩根急於要買下梅薩比礦區，直戳對方的要害，使對方意識到自己應該認真地對待。

• 面對冷遇滿不在乎

對有意冷落自己的行爲持滿不在乎的態度，有時也是一種有力的武器。對方之所以冷落你，就是要你產生被冷落的不舒服感受，如果你偏偏採取不在意的態度，坦然地面對，以有禮對無禮，也能迫使對方改善態度。

一個老太太看不上女兒的男朋友，每次見到他來，她都不愛搭理，還說些難聽的話。但女兒的男朋友並不計較，假裝沒聽見，照樣以笑臉相迎，彬彬有禮，該幫忙的工作照樣去做。

最後，他終於以自己的誠意使未來的岳母轉變了態度。

面對別人的冷遇，必須冷靜地思考，弄清問題的眞正原因，這樣才能採取靈活的相應對策。

過度指責，溝通更受挫折

過往的成功溝通經驗告訴我們：學會寬容和尊重，才能更和睦地與人相處，提升說話辦事的效率。

俗話說「一樣米養百樣人」，確實一點也沒錯。

有的人只相信自己，不相信別人，讓人避而遠之；有的人總喜歡嚴厲地責備他人，使對方產生怨恨，不知不覺讓溝通難以進行，事情也辦得一團糟。

這兩種待人處世的方式都不理想，因爲只有不夠聰明、不懂溝通的人，才動輒批評、指責和抱怨別人。

不妨檢討一下自己，是不是也有喜歡責備別人的毛病？

若身爲公司主管，分配下去的某件工作沒有做好，我們很可能不是積極地去尋找原因，研究對策，而是指責下屬：「你怎麼搞的？怎麼這麼笨？」

這種時候，下屬會有什麼反應？

他可能什麼也不說，但在內心會覺得你不近人情，從而導致怨恨產生。不快情緒日積月累，必會大大阻礙彼此的正向溝通互動。

有一則笑話是這樣說的：

這天，丈夫回到家，發現屋裡亂七八糟，到處是亂扔的玩具和衣服，廚房裡堆滿碗碟，桌上都是灰塵。

他覺得很奇怪，就問妻子：「發生什麼事了？」

妻子沒好氣地回答：「平日你一回到家，就皺著眉頭對我說：『這一整天妳都幹什麼了？』所以今天我就什麼都沒做。」

好指責就如同愛發誓，實在不是一種好習慣，會在傷害別人同時傷害自己，讓彼此都不好過。

接下來，讓我們看一些實際的例證。

一八六三年七月，蓋茨堡戰役展開。眼見敵方陷入了絕境，林肯下令要米地將軍立刻出擊。但米地將軍遲疑不決，用盡各種藉口拒絕，結果讓敵軍順利逃跑了。

林肯聞訊勃然大怒，立刻寫了一封信給米地將軍，以非常強烈的措辭表達了自己的極端不滿。但出乎他人想像的是，這封信並沒有寄出去，林肯死後，人們在一堆文件中發現了這封信。

林肯爲什麼不將信寄出？這是相當值得深思的問題。

也許林肯設身處地設想了米地將軍抗命的原因，也許他預想了米地將軍見到信後可能產生的反應，可能會憤怒地爲自己辯解，也可能會在氣憤之下乾脆離開軍隊；無論哪一種，都對大局無益。

木已成舟，把信寄出，除了使自己一時痛快以外，還有什麼好處呢？答案是顯而易見的。

不要指責他人，並不代表放棄必要的批評，而是要抱著尊重他人的態度，以對方能夠接受的方式表達意見。

曾有一家工廠的老闆，某天巡視廠區，正巧看到幾個工人躲在庫房吸煙。庫房是全面禁煙的，但這位老闆沒有馬上怒氣沖沖地責備工人說：「你們難道不識字，沒有看見禁止吸煙的牌子嗎？」而是稍冷靜了一下，接著掏出自己的煙盒，拿出煙給工人們說：「試試這個牌子的煙吧！如果你們能到屋子外去抽，我會非常感謝的。」

工人們一聽全都感到相當不好意思，紛紛掐滅了手中的煙。

我們喜歡責備他人，常常是爲了表現自己的高明，有時也帶有推卸責任的目的。這都是不對的，古人講「但責己，不責人」，就是要我們謙虛一些，嚴格要求自己一些，這只有好處，絕無壞處。

想責備別人的不是之前，請閉上嘴，對自己說：「看，壞毛病又來了！」這麼一個小動作，將可以幫助你逐漸改掉喜歡責備人的壞習慣。

尖銳的批評和攻擊，所得的效果必定是零，因爲你想指責或糾正的對象會爲自己辯解，甚至反過來攻擊你。

過往的成功溝通經驗告訴我們：學會寬容和尊重，才能更和睦地與人相處，提升說話辦事的效率。

言語溫和勝過尖銳指責

人際相處，不可避免會有一些不愉快的事情發生，面對這種情況，要少些批評、多些理解，讓自己的溝通能力更上一層樓。

每個人都有失誤的時候，因此不要過度苛求。

批評他人，應講究說話的技巧，不能用譏諷、挖苦的態度應對，傷害對方的自尊心。以平和、溫和的態度去面對你的批評對象，剔除感情成分，將表情、態度、聲調加入到客觀的批評話語中，會產生較積極的效果。

對方有了缺點或犯下錯誤，如果一味橫加批評、講刺傷別人的話，或苛刻數落，例如：「你辦得怎麼這麼糟？」「做事爲什麼這樣不細心？你這樣對得起我嗎？」等等，絕對不妥當。

絕大多數情況下，當一個人做錯事，內心會展開反省，覺得抱歉、恐慌、不知所措，此時如果再加以嚴厲批評指責，他極可能會因此感到羞愧難過，甚至從此一蹶不振，無法再樹立自信。

因此，不妨換一種語氣，以取得較好的效果。

你可以這麼說：「以後做事，自己可要多加注意了。」或者：「我想，下次你一定不會再犯類似的錯誤。」

如此一來，對方不僅會感激你對他的信任，同時會感受到你付出的眞誠，更重要的是有了改正錯誤的信心。懷著正向心態，在今後的工作、生活中，必能更加小心謹慎，不再犯同樣的錯誤，並且提醒自己留心以前不曾注意到的缺點、毛病，適時修正。

美國空軍有一位著名的飛行員，經常參加飛行表演。

有一次，他在聖地牙哥舉行表演後，返回洛杉磯駐地途中，飛機引擎突然熄火。雖然他憑著熟練的技術成功迫降，保住了性命，但飛機本身因此遭到嚴重損壞。

檢查結果，發現是燃料添加上出了問題。

回到機場後，他立刻找上了為座機服務的機械師。

對方是個年輕人，正為因疏忽犯下的過失感到苦惱，深深自責，因為自己不僅毀了一架造價非常昂貴的戰機，更差點使機上三人送了命。

但是，出乎意料的事情發生了——飛行員沒有怒氣衝衝地批評、指責這位機械師的失誤，而是上前摟著他的肩膀說：「為了表明我堅信你不會再這樣做，希望你以後繼續為我提供優質服務，如何？」

後來，這位機械師不但沒有再犯錯誤，而且表現得更加出色。

試想，如果當時飛行員劈頭蓋臉就給這位機械師一頓諷刺打擊，或是嚴厲的批評，不僅會大大地傷害對方的自尊心，還會使他變得更沮喪、自卑、畏首畏尾，甚至放棄本來可以做得很好的工作，也放棄了整個人生。

人際相處，不可避免會有一些不愉快的事情發生，面對這種情況，要慎用辭令，巧於交際，少些批評、多些理解，如此才能讓自己的溝通能力更上一層樓，更受人歡迎。

學會利益均沾，做成大買賣

真正的成功者不僅僅靠財力取勝，更要透過高明的溝通交際手腕，運用語言的藝術，轉變對方的立場，從而獲得豐厚利潤。

說話辦事需要有效的溝通方式作爲基礎，若沒有好的溝通，再遠大的目標也只是空談。

鋼鐵大王安德魯·卡內基之所以取得成功，就是因爲他不僅領略到這一點，更將此引申到爲人處事上，於商場發揮得淋漓盡致。

身處瞬息萬變的商場，該如何做好交際呢？

不妨參考以下三點：

•良好的心理素質

商場交際過程中，難免會碰上一些令人感到尷尬、氣憤、興奮的事情，這時保持良好的心理素質就顯得極爲重要，因爲這可以直接體現出你的涵養、氣魄、度量，拉高印象分數，促成即將進行的交易。

•不要擺架子

不管權勢有多大、地位有多高，人與人都是平等的。擺出高高在上的樣子，無非爲自己的交涉、溝通設下無謂障礙。

•投之以桃，報之以李

只知道一味地獲取，也是在商場交際中的一大禁忌。切記，一定要先權衡雙方的利益關係，才能讓交際溝通發揮最好效果。要更進一步明白這個道理，讓我們再以鋼鐵大王安德魯．卡內基的成功經驗爲例。

在美國鋼鐵業界，安德魯・卡內基爲什麼能有如此輝煌的成就？答案可能相當出人意料，並不是他對鋼鐵的製造過程懂得多，事實上，他手下的好幾百人，對鋼鐵都堪稱爲行家。

他的過人之處，在於知道如何運用說話辦事技巧，鞏固人際關係，達成目標，這才是賴以獲致成功的最主要原因。

有一回，卡內基想要把鐵軌賣給賓夕法尼亞鐵路公司，便暗中進行情報蒐集，知道該公司當時的董事長是艾格・湯姆森後，便馬上做出決定：在匹茲堡建立一座巨大的鋼鐵廠，取名為「艾格・湯姆森鋼鐵廠」。

試想，當賓夕法尼亞鐵路公司需要鐵軌的時候，董事長艾格・湯姆森會向誰購買？

毫無疑問，當然選擇卡內基的公司。

關於卡內基的說話辦事智慧，還有另一則事例。

當時，卡內基所控制的中央交通公司和普爾曼控制的另一家公司，為取得太平洋聯合鐵路公司的生意而明爭暗鬥。為了拿下工程合約，雙方大打價格戰，幾乎已到了毫無利潤可言的地步。

一天晚上，卡內基和普爾曼同時前往太平洋聯合鐵路公司，準備和董事會開會。兩人碰面後，卡內基說：「晚安，普爾曼先生。您說，我們難道不是在出自己的洋相嗎？」

普爾曼感到相當疑惑，問道：「這句話怎麼講？」

於是，卡內基開始陳述起雙方惡性競爭的壞處，接著說出自己想要合併兩家公司的計劃，並把合作、互不競爭能夠得到的利益說得鉅細靡遺。

普爾曼聽得十分專注，沒有馬上表態，最後他問：「若是合併了，這個新公司叫什麼名字？」

卡內基立即回答：「當然叫普爾曼公司。」

普爾曼頓時對他的計劃產生了興趣，臉色一亮，說道：「這相當有意思，讓我們來進一步討論吧！」

毫無疑問，因爲有出色的溝通技巧搭起橋樑，這項計劃獲得了極大的成功，在工業史上將留下了輝煌的一頁。

由此，可以看出卡內基說話辦事的高超之處，可以在關鍵時刻主動與人溝通，將劣勢轉變爲優勢。

商業往來中，眞正的成功者，不僅僅靠財力取勝，更要透過高明的溝通交際手腕，運用語言的藝術，轉變對方的立場，從而獲得豐厚利潤。

攻「心」才能收得真正效益

適時加以讚美，可在行銷、溝通過程中助你一臂之力。語言要把握得恰到好處，力求生動活潑、貼切實際。

說商場如戰場，如何在品牌衆多的商場上，把自己的產品成功地推銷出去，說服顧客，使他們心悅誠服地購買呢？

語言溝通絕對是最重要的。在商場上，只有夠漂亮、能夠打動顧客心裡的語言，才是金玉良言。

使顧客由「不買」變爲「想買」，可參考以下幾種方法：

‧巧設疑問

若顧客看了你的商品，轉身就走，便說明了他根本沒有購買意圖。這個時候，你再繼續講述該商品有多好多優秀都無異於徒勞，因爲對方根本聽不進去。

但是，你若能巧妙地換一種辦法，使顧客抱著好奇心態停下來，傾聽你的講解，就有可能改變顧客的意圖，化「不買」爲「買」，抓住寶貴商機。

如何激發好奇心呢？很簡單，就是在適當的時候把疑問留給顧客。

● 投其所好

顧客拒絕你推銷的商品時，可能會說出不買的原因。

你可以抓住這個機會與他溝通，根據回答找出不滿意的原因，以及顧客眞正的需要，投其所好，對症下藥。

但是，投顧客所好也要掌握分寸，一定要一針見血，一句話就說到對方心裡去，激發他的興趣。

顧客若有自卑心理，可以透過讚美消除，給他信心。顧客若是悶悶不樂、憂心忡忡，可以運用語言藝術說出更漂亮、幽默的話，改變當時的談話氣氛。

顧客若不明事理、無理取鬧，不妨順水推舟，製造反差，使他意識到自身的錯誤，從而心悅誠服地接受你的意見。

想要順利與顧客展開溝通，必須先掌握顧客的心理，清楚他們在什麼樣的情況下需要什麼、想什麼，從而做成交易。

•真誠相待

有些時候，顧客只是抱著隨意逛逛的心態，走進你的商店挑了半天，弄得亂七八糟，最後一件也不買。

這時候，身爲老闆的你可能會相當生氣，該如何應對才好？

當著顧客的面說出自己的不滿，結果當然不言而喻。假若換一種心境面對，效果可能就大相徑庭了。

你應當將不滿的心情隱藏起來，耐心等待顧客挑選，並且笑臉相對。如此情況下，他極有可能會因爲你的熱情誠懇而感動，心甘情願地買走某樣商品。

某回，一個旅遊團走進了一家糖果店，參觀一番後，正打算離開時，服務員端上一盤精美的糖果到他們面前，柔聲地說：「各位好，這是我們剛進的新品，清香可口，甜而不膩，免費請大家品嚐，請不要客氣。」

盛情難卻，遊客們恭敬不如從命，但既然免費嚐了人家的糖果，不買點什麼實在過意不去，於是每人多多少少都買了幾包，在服務員歡喜的「歡迎再來」的送別聲中離去。

是什麼轉變了遊客的態度，從「不買」變成「買」呢？

自然是服務員耐心真誠的態度。

•合理讚美

做生意時，不免要面對「大權在握」的客戶，這時不妨給予合理讚美，讓對方感到得意，同時做出一些讓人痛快的決定，以更彰顯他的「權力」。

在一次偶然的機會下，李華結識了一位女士，對李華經手出售的豪宅很感興趣，但對價錢卻沒有表態，留下一張名片便離開了。

李華看過名片，不由一怔，原來她是一家知名公司的副總經理。那位「女士」看起來貌不驚人，卻頂著「副總經理」的頭銜，李華認為，以她的經濟實力，絕對可以買下自己經手的這棟豪宅。

次日，李華打電話去向那位女士「行銷」，但對方只說了句：「太貴了，如果能便宜一點再說。」

事實上這是好事情，表示她對房子本身相當滿意，只是在價格上還有些問題。於是，李華要求直接與對方面談。

一走進那位女士的辦公室，李華便被眼前豪華氣派的佈置驚呆了。中間一張大辦公桌，右邊一套高級沙發，左邊還有一張大型會議桌，七、八位職員正在進行「小組討論」。

李華想也沒想，脫口而出：「您手下有這麼多人啊！」

那位女士笑著說道：「是呀！這些都是我的中階主管。」

「哇！他們都是主管，下面豈不是還有更多人？」

見對方點了點頭，李華禁不住讚佩道：「我見過很多男主管，但女主管有這麼大排場的，還是第一次看到。您的權力想必很大吧！如果不是自身夠能幹、有才華，絕對不可能辦到的。」

聽見如此恭維，那位女士自豪地說：「這只是一小部分。」

李華故作吃驚狀，高聲說：「太驚人了，那您做事一定很痛快、乾脆，很有大將風範。」

聽完李華的讚美，那位女士心花怒放，非但笑得合不攏嘴，還連連點頭說：「這棟房子我要了，不用等我丈夫來看，我決定就可以。就這樣說定吧！我們明天就簽約。」

就這樣，李華做成了一筆大生意。

適時加以讚美，可在行銷、溝通過程中助你一臂之力。但切記一點：讚美是一門藝術，語言要把握得恰到好處，力求生動活潑、貼切實際。若是漫無邊際、不假思索，讓聽者明顯感覺你在拍馬屁，只會收到反效果。

懂得理解尊重，才是真正溝通

真正的友誼絕非矯揉造作的衍生物，而是發自兩顆真誠之心的相互溝通、相互交融。

朋友之間要保持良好長久的友誼，少不了相互的理解和尊重，能站在對方的立場上考慮問題，設身處地爲著想，才能培養出默契，積累深厚的感情。

如果雙方都以自我爲中心，只知道爲自身著想，希望對方多爲自己付出，那麼這種朋友關係必然不會長久維持，溝通也無法順暢進行。

談話時，爲了有效參與討論，同時避免造成不快，首先，你要認眞地聆聽朋友們的想法和觀點，以此爲基礎，清楚地表達自己的觀點。此外，提問要適時酌情，以便更妥切地瞭解對方。

朋友間以這種方式進行溝通，能夠形成彼此尊重的氛圍，溝通也會變得輕鬆且有意義。

與朋友溝通，切忌使用含糊不清的言辭，因爲可能讓對方在不知所云的狀況下產生誤解，無法準確理解你的眞實想法。要求自己做到言詞清晰，明確易懂地表達觀點，就能大大減少誤解。

另外，必須注意一種狀況：交談過程中，常常會產上一些意想不到的小摩擦，使你與朋友的關係出現緊張。

一旦出現這種情況，首先要告訴自己冷靜下來，找出眞正能解決問題的對策，做一個成熟的思考者。

適度降溫是必要的，應待雙方的情緒平息後，再心平氣和地進行溝通，請教對方爲什麼會得出與自己相異的觀點，進而從不同的角度分析問題、解決問題，化解歧見、凝聚共識，以維持彼此間的友誼。

即使是自己最親密的朋友，也一定要尊重對方，不要將個人愛好或習慣強加在對方身上。不但該嚴格要求自己，更要進一步體貼他人，明白朋友的爲人、性格和喜好，並在交往過程中尊重對方的個性與習慣，維護朋友的利益，對他做出的正確決定給予肯定。

如果朋友間彼此互不相讓，就不會出現有效的溝通。若只會說些諸如「你的做法很不對」、「爲什麼你連這也不懂」之類的刻薄話，必然導致彼此的關係慢慢疏遠，最後分道揚鑣。

互相尊重是展開良好溝通的前提，即便只是微不足道的小事，也不可以輕視，否則必將在無意中傷害朋友之間的感情。

能夠相互尊重，就能和諧愉快地相處，並長期保持友誼。

美國前總統羅斯福有一回聽說某個朋友的心愛之物被小偷偷走了，便寫信安慰他：「親愛的朋友，聽說有一隻蒼蠅順手拿走了一些你心愛的物品，我深表同情。」

羅斯福的朋友很快便回信了，寫道：「幸好他只偷了一些與我生命無關的東西，並沒有傷到我一根汗毛。同時值得慶幸的是，作賊的是他，而不是我。」

充分理解朋友的苦衷並以合適的話去安慰，任何時候都適用。眞情的釋放讓他感到你在任何時候都會給予支援，與他同患難，心中自然產生感激之情。

和諧且長久的友誼關係，需要雙方用心去維護。眞正的友誼絕非矯揉造作的衍生物，而是發自兩顆眞誠之心的相互溝通、相互交融。

掌握對方的心理，說服才會順利

談判成功是多種技巧的結合，要別人接受自己的觀點之前，首先應讓對方肯定某種觀點，然後再用自己的觀點取而代之。

不管是人際交往，或是商業談判，最艱巨、最複雜、最富技巧性的工作，就是說服。

說服力量，綜合了各種因素：聽、問、答、敘等各種技巧，綜合運用後改變對方的初始想法，讓他轉而接受自己的見解。

擅於說服的人能使敵對雙方化干戈爲玉帛，而拙於說服的人，可能由於出言不遜，而使矛盾更加惡化。

日本的經營之神松下幸之助在企業界起步時，就曾以誠懇和說服取得企業家崗田的配合幫助，使樂聲牌方型電池車燈先聲奪人、一炮而紅。

當時，他決定採用主動出擊策略，為市場免費提供一萬個方型車燈。

但是由於財力不足，松下便厚著臉皮，希望生產乾電池的企業老闆崗田，能免費提供他一萬個乾電池，配合他實施這項計劃。

「一萬個乾電池價值不菲，要別人跟著自己去冒險，能做得到嗎？」松下不斷思索著如何說服崗田。

後來，松下想妥了一個違反常規的說服方法，便帶著樣品來到東京的崗田家拜訪。他先讓崗田看樣品，然後介紹自己推銷這個產品的策略。

崗田頻頻點頭讚許之時，松下說：「為了配合這種新型車燈的推廣，希望您能提供一萬個乾電池。」

崗田此時還不知道松下要他免費提供，便爽快答應了。

松下繼續說：「崗田先生，這一萬個電池，能否免費提供給我？」

一直在小酌的崗田一聽此話，立即呆住，怔怔地望著松下，手中酒盅停在空中，像是凍住了一般，空氣似乎也凝結了。

一旁的崗田夫人此時插嘴說道：「松下先生，我們實在不明白您的意思，能不能請您再說一遍？」

「為了宣傳造勢，我打算把一萬個方型車燈免費贈送，也請您免費提供一萬個電池，一道贈送。」松下不慌不忙地說。

老闆娘一副緊張的表情：「什麼？要一萬個？而且還是免費的？」

這也怪不得她，松下的免費計劃實在過於離譜。

崗田微突著小腹，緩過氣來驚疑而生氣地說：「松下先生，你不覺得這種厚臉皮的要求有點兒胡鬧嗎？」

松下處變不驚，鎮定地說：「崗田先生，也難怪您驚訝。但是，我對自己的做法非常有自信，無論如何，我決心要這麼做。但我不會無緣無故白白拿您的一萬個乾電池，我們不妨先談談條件。現在是四月，我有把握一年內賣掉二十萬個乾電池，請您先送一萬個給我。倘若您願意照我們的約定，我就把這免費的一萬個乾電池，裝在方型車燈裡當樣品，寄到各地。」

峭田疑惑地看著松下，問道：「你的想法倒是很偉大，但是，倘若賣不掉二十萬個，你又該怎麼辦？」

「若是賣不出去，您照規矩收錢，這一萬個電池算是我自己的損失。」松下爽直地回答，沒有一點含糊。

峭田夫婦雖然不再言語，氣氛似乎融洽許多，但峭田的態度還沒有轉變。於是，松下進一步解釋：「我今年三十歲，已屆而立之年，正是努力事業的時候，無論如何，都會拼命工作。我二十三歲獨立創業，到現在已初具規模，這些年來，一直不敢有所鬆懈，我日夜都在想，怎麼做才能做得最好。我到這裡來請您幫忙，就是出於這個目的，請您相信我。」

松下這番話說得很認真，很誠懇，也很得體，峭田先生覺得他年輕有為，氣宇不凡，於是展露笑容說：「我做買賣十五年，還不曾遇到過像你這樣的交涉方法。好吧，如果你能在一年內賣出二十萬個，這一萬個就免費送給你，好好做吧。」

由於方型燈十分暢銷，峭田的電池也成了暢銷產品，不到一年就銷出了二十萬個，而這二十萬個電池的銷售利潤，遠遠超過贈送一萬個電池。崗田自從生產電池以來，從來沒有遇到過這樣的好景氣，對松下真是感激不盡。

松下的談判成功是多種技巧的結合，其中最主要的是採取一種超乎常規的說服辦法，變通技巧——要別人接受自己的觀點之前，首先應讓對方肯定某種觀點，然後再用自己的觀點取而代之。

他常常把自己的思想深入別人心裡，引起共鳴，掌握對方心理步步逼進，使其同意。他沒用半句強迫的言詞，但循循善誘之餘，總是叫人心悅誠服。

當然，最關鍵性的一件事是：松下必須有能力和信譽保證兌現諾言，否則就算臉皮再厚，說得再天花亂墜，也無濟於事。

使出心理戰術逼對手讓步

柯倫泰的一系列暗示，令充滿男人自尊和紳士風度的挪威商人，不得不接受她的低價，從心理上贏得了這場談判，輕描淡寫的一兩句話，就教人舉手投降。

英國思想家培根曾經說過：「用適當的話語和別人進行交談，遠比言詞優美、條理井然更為重要。」

話說得體合宜，不僅能表現出自身的涵養，也會讓人接受你的意見和觀點，透過說話策略與技巧，更會提昇自己的溝通、辦事效率。

只要做好心理建設，平日勤於鍛鍊說話技巧，要成爲說話高手，其實一點都不困難。

柯倫泰是世界有名的大使，精通歐洲十一國的語言，曾經被蘇聯政府任命為駐挪威貿易代表，交涉一切對外貿易事務。

有一次，她和挪威商人就購買挪威鯡魚進行談判。

挪威商人開價很高，她的出價卻很低。

挪威商人精於談判訣竅：賣方叫價高得出人意料的時候，買方往往不得不做出小小讓步，再與賣方討價還價。然而，柯倫泰也知曉這些生意手法，不肯讓步就範，堅持低價交易。

因為她知道，只要談判不破裂，耐心拖下去，可能就會取得意想不到的效果。於是，她堅持「出價低、讓步慢」的原則，取得了討價還價的有利形勢。

後來，柯倫泰和挪威商人進行激烈爭辯，都想削弱對方堅持立場的信心，結果談判陷入僵局。

在談判無以為繼的時候，她突然無條件讓步，裝出一副可憐的模樣：「好吧，我同意你提出的價格，如果我們政府不批准這個價格，我願意用自己的薪資支付差額。但是，當然要分期付款，我可能得支付一輩子。」

她這幾句話說出來時，面露無奈神色。挪威商人怎麼好意思叫她個人支付差額呢？於是也表露一臉無奈：「算了，將鯡魚價格降到您提出的那個最低標準吧！」

柯倫泰的計策是，她表面敗下陣來，卻提出了一個難解之題給對方：用一輩子的報酬分期支付雙方的價格差額。

其實，這道難題是不能成立的，因爲她是蘇聯駐挪威貿易代表，有獨立處理貿易之權，她卻把它推給政府來決定，這是明顯的搪塞之詞，而且也是說不過去的。再者，她把挪威商人與蘇聯政府之間的貿易交涉，轉換成挪威商人與其個人的談判，轉換了談判主題，把本來雙方平等的談判，變成一種無法構成經濟關係的空談。

挪威商人的讓步，並非在邏輯上被柯倫泰說服，而是一種無形壓力佔據了心理：怎麼能拿她微薄的所得去填補如此巨大的價格差額呢？這樣做豈不是有失厚道？

其實，柯倫泰給他另一種暗示是：「你看，爲了跟你做成這筆生意，我一輩子的生活費全都要賠進去，難道你就不能讓點步嗎？教一個小女人無端失去生計的男人，算什麼男子漢？」

柯倫泰的一系列暗示，令充滿男性自尊和紳士風度的挪威商人，不得不接受她的低價。柯倫泰從心理上戰勝了挪威商人，贏得了這場談判，輕描淡寫的一兩句話，就教人舉手投降。

PART 3

笑臉迎人，勝算更多好幾分

溝通中如果少了微笑，言語將顯得黯然無味，

倘若少了和氣，交流也無法進行下去。

氣氛越輕鬆，你越容易成功

與人溝通的一大竅門，就在於找出彼此都感興趣的話題，將距離拉近，如此將有效消除雙方的陌生感，活絡談話氣氛。

要靠做生意賺錢，就免不了得與客戶打交道、進行交流，否則無從獲利。既然彼此間有利益關係存在，更需要注意交流的方式。

初次見面，應給對方留下一個良好的印象。自我介紹時的言語尤其需要注意，必須審慎斟酌，力求做到適合本人的身份，不過度自我炫耀，也不自我貶低。與客戶溝通，應注意以下事項：

- 表達力求簡明扼要

與客戶交流時，應力求語言簡明扼要，能準確抓住重點，使對方有興趣和耐心繼續聆聽。除了語言簡明，說話得體也很重要，因爲不得體的語言容易造成尷尬的局面，甚至傷人自尊。

爲了與客戶順利進行交流，一定要注意自己的語言表達方式。

・製造輕鬆和諧的談話氛圍

與客戶交流時，由於雙方關係可能存在對立或不夠熟悉，容易使談話陷入僵局。爲了有效避免這種狀況出現，應當儘量製造輕鬆、和諧的談話氛圍。

事實上，雙方必定都希望能在輕鬆自如的氛圍下進行交流，可是，很多時候卻由於找不到共同的話題，無法打破僵局。

這時候，大可以拋開主題，另尋一些有趣的話題，如此既活躍了談話氣氛，又淡化了彼此的陌生感。發生在自己身邊的一些小事物就是非常好的討論話題，越是與日常生活相關，越能引起共鳴，進而達到心靈上的溝通。

第一次世界大戰時，美國女權主義者南茜拜訪了英國首相邱吉爾。邱吉爾熱情地接待了她，但由於彼此相當陌生，一開始不知說些什麼好，氣氛自然顯得有些沉悶、尷尬。

邱吉爾畢竟是老到的政治家，為了打破僵局，於是開始說起一些家常趣事。他說：「一次，我和妻子吵架，她兩天不與我說話，後來我實在憋不住了，就對她說：『你這樣對我，不如乾脆點，直接往我的咖啡裡放點毒藥！』」

南茜出神地聽著，被邱吉爾的描述吸引了注意力。

邱吉爾接著又說：「她聽我這麼說，頓時覺得自己的做法有點過分，因為我的過錯畢竟沒那麼嚴重，不至於到要喝下有毒咖啡的地步哪！」

說完，兩人都笑了，氣氛得到明顯的和緩。

與人溝通的一大竅門，就在於找出彼此都感興趣的話題，將距離拉近，如此將有效消除雙方的陌生感，活絡談話氣氛，提高溝通成功的可能性。

利益來自與客戶的良好關係

商場上的客戶是很特殊的交往對象，不同於朋友、同事，因此在溝通時，必須時刻注意自己的身份，說話、做事掌握好尺度。

與客戶交流時，雖然要把握一定的原則，但也不必一副凡事公事公辦、說一不二的樣子，否則必定不利於雙方溝通。

商場局勢變化難測，因此聰明的生意人會更注重確保自己與客戶間的順暢溝通，畢竟能讓彼此的關係穩定發展，對生意經營本身有益無害。

與客戶互動過程中，以下幾點必須注意：

• **不要過分恭維**

缺乏誠心、千篇一律的客氣話，必定會招致反感。

不愛聽恭維話的人自然不買帳，至於聽慣了的人，同樣不當作一回事，因爲他們早已聽膩了那些不夠誠懇的奉承，根本不會因此增加對說話者的好感。

• 巧用幽默破解僵局

與客戶交流時，難免意見不合，發生分歧，如果雙方都堅持自己的原則，很容易導致僵局出現。

碰上這種情況，不妨暫時轉移焦點，說個笑話，或者來段幽默故事，緩和一下緊張的氣氛。

事實上，就客戶自身而言，也不願意見到僵局發生，因此絕大多數也願意見好就收，不會無理取鬧、窮追猛打。所以，不妨用幽默當潤滑劑，然後再進行之後的溝通。

• 保持風度與穩重態度

交往過程中，你的言談舉止能透露出自身的涵養與素質、知識程度以及品格情操。所以，與客戶溝通時，要特別注意塑造形象，儘量表現得有風度且穩重，以增加客戶對你的好感。

•不忘自己的身份

商場上的客戶是很特殊的交往對象，不同於朋友、同事，因此在溝通時必須時刻注意自己的身份，說話、做事掌握好尺度，絕對不可任意妄爲。

身在商場，與客戶溝通成功與否，將直接影響到自己的事業發展。

掌握說話辦事訣竅的人，通常比較成功。聰明且有至於發展的生意人，有必要多動腦筋，透過與客戶建立良好關係，掌握與客戶溝通的最佳方式與原則，進而更好地達到溝通目的，獲致成功。

如何才能使對方改變強硬的主張？

當對方提出強硬主張時，不必立即表示拒絕或苟同，要將目光放在對方立場背後的利益上，找出原則依據，然後考慮如何使對方自行改變策略。

說話辦事一定要講究策略，才能提昇自己的競爭力。想在人性戰場上勝出，想要左右別人的決定，「攻心」絕對是必須具備的智慧，如果你不懂得使些心術，不懂得玩些心機，那麼永遠都只是現實社會中的輸家。

一九七〇年，一位美國律師，獲准與埃及總統納賽爾研討有關阿拉伯國家與以色列的衝突問題。

律師問：「總統先生希望梅爾夫人採取什麼樣的行動呢？」

「撤退！」納賽爾總統答得斬釘截鐵，沒有迴旋餘地。

律師又問：「要她撤退？」

「是的，從阿拉伯領土上完全退出。」納賽爾總統的立場仍然如鋼鐵般堅定，絲毫不見鬆動。

律師進一步問道：「可是，你並沒有給對方什麼代價，卻要她完全退出，這樣的要求行得通嗎？」

納賽爾總統搬出強硬的理由：「當然，因為那是我們的領土，以色列原本就應該無條件歸還。」

「如果明天梅爾夫人在以色列媒體面前宣佈：『我代表所有以色列人宣佈，我國將從一九六七年以來所佔領的土地，包括西奈半島、迦薩走廊和戈蘭高地全部撤退，儘管我們沒有得到阿拉伯國家的任何讓步』，那麼，情況會變成怎樣？」

律師針對納賽爾的固執，搬出超乎現實的假設，尋求他的看法。

納賽爾不禁大笑起來，說：「如果她真這樣說，第二天就得下台！」

納賽爾總統透過與這位美國律師的談論，隨即意識到自己堅持的立場不夠實際而必須加以調整，終於為日後促成埃及接受中東停戰協定的簽訂，預鋪了道路。

這位美國律師之所以能讓以強悍聞名的納賽爾總統接受自己的觀點，是他巧妙的運用了柔性應付手法，避免與對方直接衝突。

當對方提出自己的強硬主張時，不必立即表示拒絕或苟同，只把它做爲一種條件，要將目光放在對方立場背後的利益上，找出其原則依據，然後考慮如何使對方自行改變策略。

這個策略讓納賽爾總統設想梅爾夫人的處境，促使他瞭解對方的心態。

說服的方法很多，不可拘泥於形式，必須根據特定事態、特定環境、特定人物，選擇特定的說服方式。

笑臉迎人，勝算更多好幾分

溝通之時如果少了微笑，言語將顯得黯然無味，倘若少了和氣，交流也無法進行下去。

在商場上，和氣方能生財。

想要健全溝通，首先應試著用笑臉去面對合作夥伴、對手，如此一來，即便處於不利地位，也能夠扭轉乾坤。

有人天生脾氣好，走到哪裡都能笑臉迎人，與人溝通、交往的過程中，多半能佔便宜。由此可以知道，學會笑臉迎人，是一種難得且富智慧的謀略。

漢初劉邦去世後，匈奴單于趁機欲侵吞漢朝疆土，還寫了一封十分欺侮人的信給呂后，信上說：「妳最近死了老公，我也正好死了老婆，不如妳就帶著江山來跟我過吧！」

可想而知，呂后看了這封極盡侮辱能事的信，恨不得宰了匈奴單于。但她到底是一個厲害的角色，冷靜衡量了利害關係後，採取了微笑外交，順水推舟地回信說：「我老了，只怕不能侍候大可汗。不過，我們宮中年輕貌美的人倒有。」並送了一名宮女和番，輕描淡寫地避過一場毀滅性災難。

當時，呂后要是負氣動武，結果可想而知。事實上，早在八年前，劉邦便曾親率大軍征討匈奴，但一戰即敗，被困在山西定襄，差一點遭到活捉。劉邦尚且如此，更遑論呂后。

但硬的不行，軟的卻達到了目的。劉邦的戰爭策略失敗，呂后的微笑外交則確保了國家的平安。

以上例子說明，微笑外交是處於不利地位的弱者應採取的交際謀略，使人們得到喘息空間，能於隱忍中求發展。

至於在一般情形下，微笑外交的主要作用，則在於製造良好的生存發展環境與氣氛。用微笑去對待每一個人，你將發現溝通變得比想像更容易。

富蘭克林·貝特格是全美最知名的保險推銷員之一，他說自己在許多年前就發現了一個道理：**面帶微笑的人永遠受歡迎**。所以，在進入別人的屋子之前，他總會停留片刻，想想高興的事情，讓臉上自然而然展現出開朗、由衷而熱情的微笑，然後才推門進去。

千萬不要小看了微笑在溝通過程中可能產生的效用。用輕鬆愉悅的心情與滿腹牢騷的人交談，一面微笑、一面恭聽，你會發現過去感到討厭的傢伙，全變成了和善的人，曾經相當棘手的問題，現在全變得容易解決了。

毫無疑問，微笑帶來了更大的方便、更多的收入。你會發現，以前的自己很難與別人相處，可現在完全相反，因爲你學會了讚美、賞識他人，從別人的觀點看事物。

一個不擅長微笑的人，在生活中將處處感到艱難。即便臉上生來沒有微笑，也要練習在聲音或表情中加進微笑。

想要讓自己更受歡迎，你得做到下面這幾點：

・不想笑的時候也要笑

或許，你認爲太難了，明明不高興，爲什麼還要微笑？但事實上，這就是最好的溝通方法。

無論心事多麼沉重、多麼哀傷憂鬱，與外界溝通時，還是應該將負面情緒收起，不要因爲自己的憂鬱影響他人。

把煩惱留給自己，讓別人相信你現在非常愉快，在溝通中，即使你不想笑，仍要儘量保持微笑。

主動表露出高興情緒，人們也會跟著你笑。與別人分享自己的快樂，將能使大家臉上都帶著微笑。

・用你的整個臉去微笑

必須明白，一個美麗的微笑並不單屬於嘴唇而已，同時需要眼睛的閃爍、鼻子的皺紋和面頰的收縮構成。

一個成功的微笑，範圍包括了整張臉。

•運用你的幽默感

任何人都有幽默感，認爲自己不懂幽默的人，不過是把它深藏在無人知道的角落裡。跟別人在一起時，可以說說笑話，那樣有助於提升幽默感。但是，說的笑話必須慎選，萬萬不可是低級的笑話，或是尋別人開心的惡作劇，否則很有可能達到反效果。

•大聲地笑出來

微笑具有魅力，發自肺腑的大笑同樣能使人深受吸引。

或許你也有過同樣的經驗，在電影院看電影時，會因爲聽見某位觀衆哈哈大笑，便跟著笑起來。這就是「笑」的魅力的最好證明。

上面所說的種種，都是練習微笑的好方法。

如果你是一個害羞的人，在別人面前無法自由自在地發笑，那麼，再告訴你一個小秘訣——對著鏡子，練習對自己微笑，等到臉上能泛起了眞正的笑容，不感到彆扭後，再於人們面前呈現。

溝通之時如果少了微笑，言語將顯得黯然無味，倘若少了和氣，交流也無法進行下去。將微笑與和氣融於溝通當中，就等於爲說話辦事添加籌碼，爲獲利種下希望的種子，產生極大幫助。

掌握對手情況是取勝妙方

想要在談判中取得勝利，必須做好的兩項工作，就是過程中的溝通，以及事先的材料蒐集。

兵家有云：「知己知彼，方能百戰不殆。」

在當今這個商場如戰場的時代，在溝通中掌握對方的確切情況，再加上運用說話辦事技巧，何愁不能藉言談取勝？

接下來，讓我們來認識一下如何「談判」。

各行各業都有一定的規範準則，談判中的溝通當然也不例外。做好事先準備後，便該遵守以下幾項重要原則：

• 語言得體

得體的語言能使談判順利進行，同時也體現出談判者的風度、涵養，以及所代表公司的完美形象，在對方心中留下良好印象。

• 真誠守信

眞誠守信是商務談判中的一大準則，即便在語言激烈交鋒時，仍要謹記以事實爲基礎，以信譽爲準繩，據「理」力爭。

• 平等互利

雖然談判參與雙方所處的位置爲對立的，也有可能在某些方面上有明顯的強弱差異，但在談判桌上，仍應擁有平等、相當的權益，並得到尊重。

優越的一方沒有必要在言語上打壓弱勢的一方，否則必將阻礙溝通，影響談判的進度和效果。

以上三點是溝通中的重要原則，而在透徹掌握之後，還要做好事前的準備工作，因爲它將決定談判的成敗。

能不能在溝通中掌握充足的資料，取得主導權，要看說話的方式、方法，這不僅關係到己方所做決策的正確性，還關係到在談判桌上能否佔一定優勢，不被對手壓制。

想要在談判中取得勝利，必須做好的兩項工作，就是過程中的溝通，以及事先的材料蒐集。

商場交鋒展開之前，率先瞭解對手情況，做到知己知彼，從而掌握市場走向，取得溝通優勢，就能在談判過程中佔較大贏面，獲取巨大效益。

溝通，在人際交往中扮演著「潤滑劑」的角色。

試想，假若人際交往過程中，少了「潤滑劑」，將會發生什麼樣的狀況呢？毫無疑問，行事將會碰到重重阻隔。給彼此留點空間，讓言語充分發揮溝通的效力，摩擦、阻隔才會相對減少。

加點「潤滑劑」，交往更容易

多給溝通留點空間、多學習溝通技巧是必要的。應儘可能地讓它充分發揮「潤滑」作用，為獲得雙贏種下希望之果。

人際交往過程中，常有很多自作聰明的人，只想騎在別人的頭上，一副「唯我獨尊」的架勢，卻不知道這其實是最笨的做法，因爲免不了傷害別人的自尊心，結果當然也就不言而喻了。

在商場談判中，總會出現一些僵持場面，究其原因，往往由於雙方不能達成共識，但是又都不肯退讓一步，以至於完全沒有了溝通餘地。

這實在非常可惜，倘若彼此都能讓一下，坐下來，心平氣和地以溝通爲目的展開對話，仍有極大可能達成共識。

如果在交往最初就能注意到這一點，收斂自己的鋒芒，使語言更顯謙恭，往往能奠定好的開始，爲接下來的交流營造出較愉快的氣氛，促進彼此之間共識的達成。如此，對雙方來說，既達到了目的，又增進了友誼，一舉兩得。

應特別注意一點：若是意識到此次談判一定會有一番激烈討論，更應懂得迎合對手、使氣氛和緩的技巧，因爲它將有效促使達到雙贏。

在商機無限的現代商場上，有無數的合作夥伴可以選擇，關鍵在於你如何說服他人與自己合作。這種時候，只要能夠說出一句眞正打動對方的話，就可能得到一次賺錢的機會。

與人交流溝通的最大忌諱，就是過於自我。若總是一句話便將別人的好意或提案嗆回去，總是覺得只有自己的想法最好，只想將自己偉大的一面展露在別人面前，不給別人表現的機會，等同於不懂溝通，必然將招致失敗。

創造機會的一個好方法，在於使對方於交談過程中多說「是」，雖然乍聽好像不容易做到，可一旦達成，效果必定相當好。

舉個例子來說，如果這次談判是爲了使合作方案達成一致，你就應先開誠佈公地向對方表明自己的意向、合作目的，然後再繼續進行溝通。這樣一來，一方面表現了己方的誠意，另一方面，使對方覺得你和他們之間存在著很多共同的利益，雙贏便勢在必得。

在商場上打滾討生活，免不了要要求自己做到八面玲瓏，但要做到這點，必定離不開良好的溝通。

溝通是打開相互瞭解之門的鑰匙，更是結交朋友、擴大人脈網的前提。不懂溝通，就要學習溝通；沒機會展開溝通，則要主動爭取甚至創造機會。

溝通可以促成談判成功，也可能使交易失敗，所以，多給溝通留點空間、多學習溝通技巧是必要的。應盡可能地讓它充分發揮「潤滑」作用，爲獲得雙贏種下希望之果。

在商務溝通中爭取成功

如果你能確切掌握某一特定領域內的所有情況，而你本身又是一個十分注重細節的人，說服力便可能比任何人都高。

隨著商業活動越發頻繁複雜，面對面談判的機會自然增加。商務談判既是雙方實力的較量，也是一場鬥智鬥勇的對決，是成是敗，足以產生極重要的影響，因此，任一方都不該輕易小覷談判的重要性。

如何才能在商務談判中獲取最大效益，其實有章可循，首要就在創造對自身有利的因素。

- **選擇最佳談判人選**

絕大多數商務談判都需要多人一起參加，因爲如果單獨一人參加，力量往往不夠。參與者的挑選，要根據談判的重要性、困難程度以及時間長短來決定。

挑出的談判人選是否適當，對談判結果的好壞，往往有十分重大的影響，有更足以決定成敗。每次談判時，人員的選擇都要根據具體情況進行分析，如環境、談判的方法和條件等，必須愼重地加以考慮。

團體談判有獨特的功能目的，需要團體中的成員能夠履行計劃和目標。進退有度的團體談判領導者，會利用成員作爲讓步或拒絕讓步的藉口，如：「我要問問其他人的看法。」

談判的首腦應該盡可能地發揮每名成員的長處，知道如何在談判過程中利用團體裡每個人不同的專業背景與知識，並將準確的資訊及時提供給他們，讓他們做出最好的建議或決定。

●選擇對自身有利的場地

談判場地的選擇，也要根據情況進行具體分析。

一般來說，談判場地可以設在任何一方的辦公室裡，但是大多數人還是習慣在自己的地盤談判，因爲感覺比較踏實。

若對方被邀請到你的地盤談判，在開始會談之前，可以先藉問候寒暄得知一些資料，掌握對手的某些情況，爲接下來談判的展開，做好更充分、更有利於自己的準備。

談判場所的選擇，要盡可能滿足優雅、舒適兩大條件。房間的擺設，如燈光、座位等，都要在考慮之內，例如椅子坐起來應讓人感到舒適，視覺效果要好等等。這雖然都是小細節，卻足以決定談判的成敗。

值得一提的一點，是談判時座位的安排。

大多數人都會習慣性地認爲桌子前端的座位象徵著權威，坐在這位子上的人，一般來說講出的話較被人重視。

有的談判方會故意設計場地的擺設，讓對手坐在較低、較不利的座位，因爲在談話過程中，低座位者不得不仰視高座位的人，這樣一來，在氣勢上就已輸給了對手，坐高位者自然而然在氣勢上贏得了初步的勝利。

假如談判的地點設在對手的辦公室，出現以上的情況可能會不利於你，這種時候，「以毒攻毒」不失為一個好辦法——直接坐到對手的位子上。直接表示自己的不滿，可以迫使對方重新安排位置，擺脫不利局勢。

● 在議程中增加有利於自身因素

談判的議程由哪一方來確定，實際上都各有利弊。

議程由己方來定，讓對方接受的好處，在於可使對方處於不得不被動自衛的劣勢中，還可以進一步利用議程排序，製造出種種對自己有利的條件。

擬定議程時，千萬不可流於形式。不成熟的議程只是印好的表格、契約或租約，沒有眞正的意義。合格的議程應該提出需要討論的各種問題，問題的提出順序，則該由小到大，依次排列。這樣，就可以避免實際談判中的無謂浪費，把更多的時間留給更重大的問題。

另外，議程中的時間安排也需要注意。談判的時間和舉行地點同樣重要，一天中哪些時段，個人處於最佳狀況，何時處於最低潮，都有一定的規律性。

外部因素必須處理好，談判者的素質也需要重視。

每個人都可能有適合參與談判的潛能，關鍵在於如何加以挖掘並利用。以下是談判人員必須具備的能力：

・較強的語言表達力

有些人的語言表達能力非常強，這就是他們最大優點，能夠清楚、簡練地表達內心的想法，使事情易於被人理解。由這樣的人參與談判，結果自然會比他們的預想來得更成功。

但是，也有些人會採用另一種溝通策略，把含混不清的說話方式作爲一種談判手段，用模糊不清的語言迷惑談判對手，進而使自己佔據有利地位。

・細心

談判過程中的問題有主次之分，事實上，造成僵局的通常是次要問題。若只關注主要問題而忽略了次要問題，便極有可能致使雙方溝通不良、談判停滯不前。因此，必須細心留意所有情況。

‧耐心

耐心在談判過程中是極其重要的，甚至能轉劣勢爲優勢，而缺乏耐心則可能導致談判失敗。

‧不忽視細節

談判中，最具說服力者，就是注重細節的人。

如果你能確切掌握某一特定領域內的所有情況，而你本身又是一個十分注重細節的人，說服力便可能比任何人都高。

在合適的情況下，挑選合適的人進行商務談判，理所當然能夠達到的溝通效果最好，成功的機率也最高。

投桃報李，建立良好互動關係

人是感情的動物，抱持「投之以桃，報之以李」的態度與人溝通交往，收效將超乎想像。

正如人與人的溝通很難永遠順暢，商務談判也不可能每一回都順利地達成協議，因爲參與雙方都在密切觀察對方，尋求談話漏洞的蛛絲馬跡，以便取得更多的利益。

由於出發點都在確保自己的利益，談判參與雙方常常會有僵持不下的情形發生，使溝通無法順利繼續。想要使談判變得順利，建立良好溝通模式是必須的。良好溝通模式可以促使雙方以更快的速度完成協定，並且找出對彼此眞正有益的方式，不浪費太多時間在談判桌上。

在談判場合建立良好溝通模式，有以下兩種方法：

•變敵對為合作關係

能把溝通建立在雙方合作的基礎上，談判自然會朝著對彼此都有利的方向前進。因此，談判展開之前，最好先要找出彼此的共同利益，然後努力促成雙贏，使氣氛融洽。

•投之以桃，報之以李

在談判過程中，運用投桃報李的方法，主動釋出善意，對建立良好的談判關係有很大幫助。

在不過分損失己身權益的情況下，滿足對方感興趣的事情，將能促使感激心理產生，爲雙方的溝通建立好的開始，使關係得以往良性方向發展。

在談判桌上，採取與對手針鋒相對、據理力爭策略同時，關心別人、體諒別人、設身處地站在他人立場著想的心態也不可完全忽略，因爲這種溝通方法往往更有利於談判。人是感情的動物，抱持「投之以桃，報之以李」的態度與人溝通交往，收效將超乎想像。

千萬不要只把談判對手當成敵人，應放下敵意，試著與對方建立良好的互動關係，以求既順利且迅速地達成協議。

更進一步來看，建立良好關係同時，若期望有效戰勝談判對手，可以從以下兩個方向著手：

・談判展開前，先威懾住對手

相信任何人都知道，好的開始是成功的一半，但也明白另一個道理，就是「萬事起頭難」。

開個好頭，對談判來說尤爲重要。談判開始時，每位談判者都要各就其位、各盡其責，針對談判內容展開討論。雖然這個階段在整個過程中只占很小一部分，卻非常重要，因爲它將足以決定整場會談的基本方向。

此時，必須採取審慎態度應對，因爲差之毫釐，失之千里。

• 從對方的立場看待問題

談判桌上，參與雙方在每個問題上的立場，基本上都是完全對立，分歧在所難免。而雙方免不了又都會爲各自的利益據理力爭，想盡一切辦法說服對手，使得談判向著有利於自身的方向發展。

這種時候，人們往往會犯下一個同樣的錯誤，就是只顧自己，而不能從對方的立場看待問題。

雖然舉行談判的目的，就在於爭取對自己有利的東西，但若能稍稍在談判桌上爲對方多著想，將能明顯增強自己的說服力，從而掌握談判進行的大方向。

溝通過程中，最有效的「說服」，是讓別人按照你的想法去做，但絕對爲心甘情願的接受，不包含強求、壓迫等因素在內，這一點，值得所有有志於提升言語溝通能力的人牢記。

PART 4

適當的讚美助你事半功倍

當對方犯了錯誤，不要毫不留情的給予指責，
最好的溝通方式是透過讚美先緩和關係，
然後再給予適當責備。

言談有度，掌握語言的藝術

> 不卑不亢的說話態度、優雅大方的肢體語言、因時地制宜的表達方式，三者合一，就是語言的藝術。

人際交往溝通，絕對離不開語言。

語言可以將你送上事業的最高點，當然也可以把你打入低谷，決定成敗的關鍵在於你怎麼去說，以及會不會說。

在辦公室裡，要如何與同事溝通交流呢？

• 發出自己的聲音

老闆真正欣賞的，不是唯唯諾諾的應聲蟲，而是那些真正有思考與判斷能力、具自我見解的員工。

如果你經常對別人的意見持「無所謂」或者「無條件同意」態度，你的光彩必定會被埋沒。

眞正有企圖、有幹勁的人，不管身處的職位高或低，都會盡可能讓別人聽到自己的聲音，大膽地說出自己的意見，不管是否被採納。

•語言要溫和

在辦公室裡與人說話，態度要保持溫和謙恭，讓人覺得有親切感。動輒開口嗆人、損人絕對是大忌，也不要隨便用命令式的口吻與人交談。

說話時用手指指著對方，會讓人感覺受到侮辱，是一種相當不禮貌的行為，應該時時提醒自己。此外，在大家的意見不統一時，也不要自以爲是地強迫別人聽從自己。除非是事關重大的原則性問題，否則沒有必要和同事爭得面紅耳赤、你死我活。

確實有些人天生口才就很好，但也要用在正確的地方，才能發揮作用。如果你要想展現自己，可以將說話本領發揮在商業談判上，千萬不要在辦公室裡逞一時之快，否則必會於同事心中留下不好的印象，使他們對你敬而遠之，久而久之，淪爲不受歡迎的人。

●適度收斂自己的鋒芒

倘若你的能力極高，或者正好是老闆眼中的大紅人，會不會因此得意洋洋地四處炫耀自己？

切記一點：驕傲使人落後，謙虛使人進步，無論能力多強，仍要謙虛謹慎。「人外有人，天外有天」是絕對的定理，強中自有強中手，平時若不懂得謙虛待人，收斂鋒芒，必定會在吃癟時成爲別人的笑料。

無論多麼受老闆重用，你都不能在辦公室裡炫耀，因爲在得到表面上的恭喜同時，實際上，同事們正在內心深處嫉恨著你。

●私事留待下班後

總有這樣一些人，藏不住話、性子又直、喜歡向別人傾吐苦水。這樣雖然能很快拉近彼此間的距離，獲得友誼，但心理學家調查研究證明，事實上，只有一%的人能夠真正對秘密守口如瓶。

因此，當你的生活出現危機，諸如失戀、婚變等，不要在辦公室裡隨便向人傾訴，特別是工作上的怨言與困擾，更不該輕易吐露給讓身邊的同事知道。

聰明、懂得拿捏溝通尺度的人，不會犯這樣的錯誤。他們必定會儘量避免在工作場所議論是非，眞的要想傾訴心事，也會寧可於下班後找幾個眞正可信賴的知心朋友，找個隱密的環境，好好聊聊。

說話要分場合，講究分寸和方式方法，最關鍵是要「得體」。

不卑不亢的說話態度、優雅大方的肢體語言、因時地制宜的表達方式，三者合一，就是語言的藝術。掌握這種語言藝術，將能夠使你更自信、嫻熟地與人溝通，從而在任何領域上獲得成功。

化解身邊的矛盾與嫉妒

想要化解身邊困擾著自己的矛盾與嫉妒情緒，毫無疑問，你必須憑藉「溝通」這個有效法寶。

溝通不是萬能，沒有溝通卻是萬萬不能。

和睦的工作氛圍是提升團隊向心力與效率的關鍵，這種氣氛，是在同事、上下級間做好溝通的前提下形成的。

溝通可以使同事間的矛盾由大化小、小而化了，更可以修復因摩擦產生的心靈傷痕，創造其樂融融的工作氣氛。

溝通的最主要功效之一，在於化解矛盾。

親朋好友之間，磕磕絆絆在所難免，與同事相處的過程中，自然也免不了糾紛、衝突、多多少少會有不愉快的事情發生。

學會溝通，可以使一切糾紛矛盾在交流中得到化解，從而鞏固人際關係，帶動事業蓬勃發展。

工作中，面對一些同事做了對不起自己的事，說了對不起自己的話，應該充分利用溝通了解問題或誤會產生的癥結所在，加以化解。一味地針鋒相對、以牙還牙是錯誤的做法，絕對無濟於事。

遇到比較難以化解的矛盾，更要仰仗溝通，讓對方瞭解自己的想法。當然，這要以眞誠的心爲前提。若是心口不一，表面上爲了講和，實際上卻是在爲自己辯解、推卸責任，必定收不到理想效果。

溝通的另一功效，在化解嫉妒。

嫉妒之心人皆有之，嫉妒的對象也因人而異，例如男人會嫉妒他人的地位、能力，女人會嫉妒他人的美貌，商人會嫉妒他人發大財，爲官者會嫉妒他人順利升遷……等等。

從本質上說，嫉妒就是看不得別人比自己強的一種心理失衡。那麼，該如何避開嫉妒的暗箭，防止它傷害他人或自己呢？

我們可以參照以下幾點：

•視而不見

面對嫉妒心很強的人，即使你對他再寬容友好，多半都無濟於事。最好的辦法是視而不見，不加理睬，因爲與這種人往往沒有道理可講，更難以順利溝通。

「沉默是最有力的反抗」，對無法消除的嫉妒，就由它去吧！

•不要輕易展露鋒芒

一個人若非常有才華，或者長相十分漂亮，難免會遭人嫉妒。在這種情況下，如果再刻意招搖，嫉妒者必定只會增加，不會減少，使自己成爲被攻擊的對象，處於孤立的境地。

爲了避免陷入如此困境，不如適度地對自己加以貶低、自嘲，或者在一些輕鬆的場合故意顯露出不足，以求得自保。

●學會容忍，以德報怨

與具強烈嫉妒心的同事針鋒相對，不會產生任何作用。

事實上，你大不必因爲對方表現的嫉妒而生氣，反而應該高興，因爲那種表現證明了你的過人實力。

所以，你大可以寬容大度的心看待一切，與他友好相處，在適當的時候給他一分關心和幫助，適度化解一部分嫉妒。

想要化解身邊困擾著自己的矛盾與嫉妒情緒，毫無疑問，你必須憑藉「溝通」這個有效法寶。

藉外在形象給人留下好印象

溝通的第一關，要靠良好的外在形象。千萬別小看了形象的重要，掌握得好，可藉以在客戶心中留下難以磨滅的好印象。

在現實生活中，人們都有一種共識，就是喜歡和有修養、懂說話、辦事有分寸的人打交道。與客戶交流時，如果能於對方心中留下良好的印象，自然將使溝通更加容易。

想要與客戶順利溝通，不能不要求自己給客戶留下好印象，至於提升印象分數的方法，有如下幾種。

• **儀容整潔**

想要得到好的印象分數，保持儀容整齊清潔是關鍵。

整齊的儀容會使客戶對你產生好感，不至於感到嫌惡排斥，同時也讓自己心情舒暢、信心百倍。

要保持整齊的儀容，必須注意以下幾點：頭髮要乾淨清潔，千萬不能有頭皮屑，最好每天清洗。男性須經常理髮，並且每天刮鬍鬚；女性必須化淡妝，不要素著一張臉或者濃妝艷抹見人。

髮型保持清爽整齊即可，太過招搖顯眼、標新立異會給人不可信賴的感受，同樣不理想。

•衣著大方

會見客戶時，穿著打扮一定要得體大方，給人以耳目一新的感覺，但不要奇裝異服。一般情況下，男性以西裝爲主，女性則以套裝爲佳，其他配飾如皮包、手套、耳環等可以配戴，但千萬不要過於華麗或寒酸。

曾有一位企業家總結過職場著裝十原則，表列如下：

1. 業務員應當穿西裝會見客戶。
2. 衣著式樣和顏色，要保持大方穩重。
3. 切忌佩帶一些代表個人身份或宗教信仰的東西。
4. 不要戴墨鏡或有色鏡片，因為容易使人感到輕浮。
5. 可以佩帶代表公司的標記，使顧客相信公司的信譽。
6. 可以攜帶公事包，有助於讓客戶相信你的言行和能力。
7. 帶上一支比較高級的圓珠筆或鋼筆，以及精緻的筆記本。
8. 除非必要，否則不要脫去上裝，以免削弱你的權威和尊嚴。
9. 會見客戶之前，切忌食用辛辣或氣味不好的食物。
10. 可以稍微噴灑氣味淡雅的古龍水、香水。

•言談得體

得體的言談可以彌補一個人外表的欠缺，尤其在和客戶溝通時，要注意保持談話速度適中、語音適量、身體略微前傾、面帶微笑，這樣才能給人親切、謙虛的感覺。

想要透過言談舉止給人好印象，可遵循以下原則：

1.入室之前，先按門鈴或輕輕敲門，得到允許才進入。

2.看見客戶時，點頭微笑。

3.客戶未坐定之前，自己不要先坐。

4.遞送名片時，要用雙手。

5.切忌隨手擺弄客戶的名片，應謹慎地收好。

6.談話態度保持溫和積極。

7.坐姿端正，身體略微前傾。

8.認真傾聽客戶講話，雙眼誠懇地看向對方。

9.客戶起身離席時，同時起身致意。

10.與客戶初次見面時，先向對方表示打擾的歉意；告辭之前，真誠感謝對方的交談和指點。

●保持風度

與客戶溝通時，要保持良好的風度，遵守以下原則：

1. 不與客戶起爭執，讓客戶感覺自己備受尊重。
2. 不主動貶低同行推銷人員、公司或產品。
3. 始終保持笑容與耐心。
4. 舉止文雅。

除去以上幾項，與客戶交往、溝通時，還有一點非常重要，就是保持良好的衛生習慣，不亂丟紙屑，更不在客戶面前做出擰鼻涕、掏耳朵、修指甲、打呵欠、翹二郎腿等不雅動作。

和別人溝通的第一關，要靠良好的外在形象。千萬別小看了形象的重要，掌握得好，可藉以在對方心中留下難以磨滅的好印象。

正確溝通的第一步，就從塑造形象開始。

出色溝通，少不了真心尊重

每個人都希望自己的特點和風格能被人接受並得到重視，都渴望獲得來自他人的尊重和信任，不願被等閒視之。

與客戶溝通一定要掌握適切標準，不該說的別說，不該做的別做。無論如何必須牢記一點：客戶不是你的朋友，也不是同事，因此在尺度的拿捏上更需要注意。一般說來，與客戶溝通時，要注意以下幾方面：

- **注意交談的內容與方式**

與客戶交談，一定要注意對話內容與方式，為了便於溝通，可以在不觸犯隱私的範圍內適當地談點私人話題，或者對他來說比較重要的事情，以求拉近雙方的距離。

如果不注意與客戶交談的內容與方式，不能把握好應有的分寸，就有可能因為溝通不當導致負面結果。例如，對方與你談及滑雪的技術和他對滑雪的喜愛，就算你本身對此一竅不通，或者根本打從心底討厭下雪和寒冷天氣，也應該表現出禮貌與熱情，專心聆聽。

● 避免使用尖刻的言語

一對夫婦在一家店裡挑選手錶，選來選去，總是拿不定主意。東挑西選後，倆人好不容易看上一隻手錶，便向店員詢問價格，沒想到店員有些不耐煩了，竟如此回答：「對你們來說，這隻手錶明顯太貴了。有些人就連買一隻幾百元的手錶也要討價還價，但也有些顧客，即便看上的是幾十萬元的手錶，眉頭也不皺一下。你們應該明白，我願意為哪種顧客服務。」

聽完這番話，夫婦倆放下手錶，忿忿地離開了那家表店。

不妨思索一下，這位店員的言語得體嗎？相信答案絕對是否定的。過於尖刻的言語會得罪上門的客戶，將到手的生意推出去，怎麼看都不划算。

•表達意見時，充分讓對方理解

有一次，一家美國公司向日本某企業進行推銷。從早上八點開始，美國公司的業務代表詳盡地介紹他們的產品，利用投影機把所需的圖表、圖案、報表打在螢幕上，熱情洋溢地宣傳著。

兩小時後，介紹終於結束，美國代表用充滿期待和自負的目光看著台下的三位日本商人，問道：「你們覺得如何？」

第一位日本人笑了笑，搖了搖頭說：「我沒聽懂。」

第二位日本人也笑了笑，跟著搖了搖頭。

第三位日本人什麼也沒做，只無奈地攤開了雙手。

美國代表大受打擊，面無血色，有氣無力地說：「這是為什麼呢？」

爲什麼近兩個小時熱情洋溢的辛苦介紹，最終毫無效果？

答案其實很簡單，因爲美國人只單方面地按照自己認爲合理的表達方式去做介紹，並沒有顧慮到對方是否能夠接收並理解，因而導致了「鴨子聽雷」的狀況。所以，在與客戶溝通的時候，一定要確認自己的表達能夠得到對方的充分理解，以確保溝通的效用。

•尊重對方

每個人都渴望受到尊重，在商場上更是如此。

因爲沒能付出應有尊重，導致破壞了溝通的氣氛，相當不值。

爲了確保合作愉快，一定要把你的客戶當作重要人物來對待，讓他們體會到，你確實付出了特別的尊重，更看重彼此的合作。讓他清楚，你時時把他擺在重要位置。如此一來，自尊心得到了滿足，自然樂於再次合作。

不僅只有商場，現實生活中的狀況也是同樣，每個人都希望自己的特點和風格能被人接受並得到重視，都渴望獲得來自他人的尊重和信任，不願被等閒視之。用尊重態度待人，絕大多數溝通難題都能迎刃而解。

說服，需要事實作輔助

要想說服對方，必須拿出充足的理論依據。提供切實的材料，比費盡唇舌的勸說更有力。

溝通本領好壞、說服力高低，影響著與客戶交易的成與敗。想要使客戶認同自己的觀點、接受自己的商品，說服力將產生極大的作用。爲了更好、更完善地與客戶交流，必須掌握說服他人的技巧，使自己的說服力進一步增強。

很多人都忽略了一個道理：一個人的說服力高低，並不單單受到嘴上功夫控制，也會爲其他方面的因素影響。

以下幾點，是有效增強說服力的重要因素：

•良好的儀表

美國心理學家塞克曾做過一個實驗，召集了六十名志願者，吩咐他們每人跟三位行人談話，請求他們支持一個發起反對校內早餐供應肉食運動的團體。行動之前，研究人員對每位志願者的各種情況，諸如外表是否漂亮、口齒是否伶俐、能否令人信賴、能否說服人以及智力高低……等等，都做了詳細的統計與歸類。實驗結果發現，在相同條件下，儀表良好的人一般比不注重儀表的人更容易成功。

這項實驗，清楚突顯了儀表可能產生的重要作用。所以在與客戶交往時，一定要注意自身儀表是否整潔。

•同意對方的意見

心理學家透過多項研究，發現一個事實：要改變別人的意見，勸說者首先必須站在對方那一邊，取得信賴，促使雙方的關係融洽。達到這項目標以後，勸說的話便可以很快地產生作用，使對方接受。

爲什麼呢？這是因爲人都有一個共同的天性，希望得到別人的認可，並且對贊同自己的人抱持友善態度。

●說服時有理有據

不管在什麼樣的情況下，要想說服對方，都必須拿出充足的理論依據。向對方提供切實的材料，比費盡唇舌的勸說更有力，特別是對於一個猶豫不決的人，道理與數據勝過一切。

●以事實說服對方

想要使人信服，以實例證明要比空洞的論述有效得多。

例如，有一位病人非常抗拒服藥，醫生爲此費盡唇舌勸說他服用某種藥物，並告訴他這種藥物如何有效、如何神奇，舉出許多理論，可是這位病人仍不見得馬上就會相信。與其如此，不如直接告訴他，另一位症狀相同的病人服用這種藥物後，康復極快、效果奇佳，那麼很容易就能說服這位病人了。

走對路，成功說服客戶

> 在與客戶溝通時，先找到雙方的共鳴之處，以此為溝通點，進行下一步的交流，比較容易達成共識。

一般來說，說服客戶要比說服其他人更難，因爲與客戶之間必定存在著利益與金錢的關係，因此，雙方都會比較慎重。

要想有效說服客戶，必須按照一定的原則進行。

•說服之前，先瞭解對方

「知己知彼，百戰不殆」，適用於戰場，也適用於商場。說服客戶之前，必須盡最大可能去瞭解對方的一些情況，這樣才能有針對性地進行說服。

瞭解對方時，要注意以下幾點：

第一、看性格。

不同性格的人，接受他人意見的方式不一樣。瞭解對方的性格，就可以根據以選擇出最合適的說服方式。

第二、瞭解對方的特長。

一個人總是對自己的長處感到自豪，想要說服他人，可以將對方的長處當作切入點，拉近彼此的距離，讓說服工作進行得更容易。

第三，摸清對方的喜好。

有人愛下棋、有人愛釣魚、有人愛畫畫、有人愛唱歌，總之人人都有自己的愛好。若能先從對方的喜好入手，再進行說服，較容易達到目的。有些人不能說服對方，是因爲事前沒有充分瞭解，無法運用適當的說服方式，自然就不會得到理想的結果。

所以說，在說服之前，一定要充分瞭解對手與狀況，再針對性地採取相應的說服方式。

●要耐住性子

如果你的觀點是對的，卻無法和對方達成共識，如此情況下，就該稍微緩一緩，不要操之過急。

人的觀點不是一兩天可以形成的，要改變也絕非一日之功。這時候就需要耐住性子，表現出不達目的不罷休的毅力。

掌握一定原則以後，進一步來看，想成功地說服客戶，需要運用有效的策略。一般說來，有以下幾項：

●以情感人

人是感情的動物，往往以此主宰自己的行爲。

說服客戶時，不妨先從感情方面入手，儘量營造出一種平和、熱情、誠懇的氣氛，使雙方能得到感情上的交流。

• 以退為進

心理學上有個名詞叫「自己人效應」，意思是說與人接觸，要取得人家的信任，就應該先讓對方認可你是「自己人」，如此方能消除陌生感，製造順利溝通的有利因素。

• 尋找溝通點

與客戶溝通時，先找到雙方的共鳴之處，以此爲溝通點，進行下一步的交流，比較容易達成共識。共同的愛好、興趣、性格、情感、方向、理想、行業、工作等，都是很好的溝通點。

• 步步引誘

美國的門羅教授曾發明一種激發動機的說服法，程序如下：

1. 引起對方的注意。

2.明確對方的意圖，把說服話題引到自己的問題上。

3.告訴對方怎麼解決，指出具體的辦法。

4.預測不同的兩種結果。

5.說明應該採取的行動。

在說服的過程中，要儘量站在對方的立場上看問題，直到說服對方爲止。

與客戶溝通，在遵循原則的前提下進行說服，相信會有出乎意料的好收穫。

適當的讚美助你事半功倍

當對方犯了錯誤，不要毫不留情的給予指責，最好的溝通方式是透過讚美先緩和關係，然後再給予適當責備。

人們在受到責備時，多少會感到不痛快，因此必須謹慎行事。成功的指責是一種讚美，失敗的指責則正好相反，足以導致人際關係的動搖。

指出別人的錯誤，是對別人某項特質或某種行爲的否定，而否定又有輕重之別，應該針對犯錯者的個性採取區別對待，採用適當的方法分別指出。

如果你是公司老闆，見到員工在工作中出現失誤，你就應當講究指正方法，做到因人而異，使溝通發揮積極意義。

有的員工因爲本身個性的原因，常常缺乏幹勁，沒有主動性。對於他們的毛病，強硬指責往往無濟於事，因爲主動性必須從內心眞正激發出來，而非僅憑外在壓力。

對待他們，指責只能是隱晦的，更適當的方法是進行激勵，或儘量調整職務內容，把工作與他們的專長和興趣聯繫。

以激勵替代指責，如此的溝通方法還能使員工產生責任感，在這種溝通模式下，員工必然心服口服，因爲努力得到了承認，積極性也得到了肯定。

有些時候，你可能會碰上一些比較「特殊」的人，無論怎麼批評、怎麼指責，對方都只是聽之任之，我行我素，依然如故。

千萬不要因此動怒，事實上，還是有溝通的方法。

有位女經理，精明強幹，手下的一班幹將也都十分出色，但前不久一名助手因為遷居而調職，由一位剛畢業的大學生接任。

這位新來的女大學生，人長得漂亮，又很會打扮，專業能力也很強，但做起事來馬馬虎虎，接手不久便出了不少狀況。

女經理一開始還忍著，認為一段時間之後會有改善，但事與願違，對方仍然是老樣子。非但如此，這個女孩把任何批評、責備都當耳邊風，讓人又氣又急，偏偏拿不出辦法。

有一天，那位女經理突然靈機一動，決定改變溝通方式——減少責備，把重點放在稱讚對方的優點上。

一天，這個女孩換上一身新衣，梳了時下較流行的髮型來上班。女經理一看，覺得機會來了，便馬上稱讚說：「這身衣服真不錯，再配上這個髮型，實在漂亮。要是妳工作起來也能一樣漂亮就好了！」

女孩聽了，臉一紅，馬上意會到經理話中有話。

沒想到這個辦法真靈驗了，不出幾天，那女孩的表現就好了很多，一個月後，表現出非常出色的工作成績。

溝通的目的，在促進彼此理解，因此可以透過許多途徑進行，責備固然是一種，但最好少用。

要使對方理解自己的想法，可以從另一個角度出發，利用稱讚來使他們改掉毛病，進而達成目的，提高整體的工作效率。當對方犯了錯誤，不要毫不留情地給予指責，最好的溝通方式是透過讚美先緩和彼此的關係，然後再給予適當責備。

PART 5

微笑，是最有效的溝通技巧

社交活動中，微笑是一項極有效的技巧，

更是禮貌的體現，

可以表現出一個人的涵養和水準。

微笑，是最有效的溝通技巧

社交活動中，微笑是一項極有效的技巧，更是禮貌的體現，可以表現出一個人的涵養和水準。

「微笑是一句世界語言」，這句話的可信度，無須質疑。

的確，現實生活中，最容易被人接受和理解的表情，非微笑莫屬。沒有人不會微笑，不管性別年齡差異或是地位高低，人人都擁有微笑的權利。它能給家庭帶來歡樂，讓朋友備感溫馨，是世界上最好的禮物。經常把微笑掛在臉上，是讓他人喜歡你的不二法門。

湯瑪斯・愛德華是一家上市公司的負責人，也是一位擁有億萬財富的富翁。

在他取得成功之前，不過只是一家公司的小職員，不善言談、表情呆板，根本不受同事與客戶的歡迎。

後來，他決定改變自己，開始經常把開朗、快樂的微笑掛在臉上。很快地，所有人都意識到了愛德華的與眾不同。

他開始每天早上都對妻子微笑，這個小動作完全改變了夫妻倆人的相處氣氛，讓他感受到比過往更多的幸福。

對身邊每一個人，他都以笑臉相迎，對大樓的電梯管理員如此，對大樓門廊裡的警衛如此，對清潔人員同樣如此，更對所有的同事和客戶展露微笑。理所當然，每個人回報給他的也都是微笑。

就這樣，過往討厭他的人逐漸地改變了觀點，也與他拉近了距離。湯瑪斯·愛德華變成了一個受歡迎的人，曾經感到棘手的人際問題，全都得以順利解決。

愛德華的事例，清楚地說明了微笑的重要，這正是他後來取得成功的一大原因。因爲學會了讚美他人、尋找他人的優點，站在別人的立場看事物，他擁有了快樂、友誼，成了一個眞正幸福的人。

下面，是另一則與微笑和溝通相關的故事。

張主任所在的單位，有一個很難填補缺額的部門要招聘一名員工。張主任找到一個很合適的人選，並主動與對方通了幾次電話。交談過程中，他得知還有好幾家公司也希望延攬對方，且實力都比自己所在公司強。

想不到，幾番思索後，這位合宜人選竟向張主任表示自己願意放棄其他公司的邀約，接下這份工作。

後來，在一次午餐中，張主任終於得知這位優秀人才願意加入公司的原因。對方是這樣說的：「其他公司的主任與經理，透過電話與我交談時，態度和語氣都非常生硬，相當拘謹客套，給我的感覺並不真誠。可是你卻完全不同，聽起來很親切，感覺確實是真誠地希望我能成為你們公司的一員。」

「當時，我似乎看到，電話的那一邊，你正面露微笑與我交談，因此我在聽電話的時候，也會情不自禁地以微笑回應。」

社交活動中，微笑是一項極有效的技巧，更是禮貌的體現，可以表現出一個人的涵養和水準。

曾有一位深深體會到微笑妙用的公司負責人說：「在我決定對手下員工微笑以後，最開始，大家非常不解，感到不可思議，接下來收到的回應就是欣喜與贊許。一段時間之後，我感覺生活比過去快樂多了，能夠得到的滿足感與成就感也較過去來得更多。」

「現在，微笑對我來說，已成為一種習慣，我對別人微笑，別人回報給我的也同樣是微笑，過去冷若冰霜的人，現在全都熱情友好起來。我的人際溝通交流，得到前所未有的成功。」

千萬別吝惜向人展露出微笑。笑一笑，溝通更順暢，你將發現自己因此更接近成功，更少煩惱。

善用讚美，更添成功機會

與同事溝通時，要能夠恰當地利用讚美增進雙方的感情，這麼做能有效改善工作環境與氣氛，有利於事業的發展。

想要與人展開良好溝通，微笑是必備的基本條件，另外還有一把能有效攻城掠地的武器，就是「讚美」。

當然，讚美有很多種，若是運用不當，非但沒有幫助，還會導致反效果。為了讓讚美確切打動人心、發揮功效，首先必須先認清讚美的兩大種類。

• 直接讚美

顧名思義，直接讚美就是當著對方的面，用明確、具體的語言，直接稱讚對方的行爲、能力、外表或其他任何優點。

有一位非常精明強悍的老闆，極擅長與員工溝通，每天晚上，他都會寫一些便條給下屬，獎勵他們的某些優秀表現，例如：「傑克，你的主意很棒！好好幹吧！」「萊瑞，多虧了你今天的優異表現，公司得到一筆大生意，今後也請繼續加油。」

因為如此，員工全都心服口服，願意為公司賣命。

另外，針對生活中的小細節進行讚美，也相當有效。

比如看見同事買了一件新衣服，你可以說：「這件衣服看起來眞不錯，穿上之後，看起來精神眞好。」

這樣的直接讚美證據及針對性極強，不會讓人誤解，效果相當好。

‧間接讚美

不直接挑明，而是運用語言、動作、行爲向對方表示自己的讚賞，比如在聆聽對方談話時不斷地微笑點頭，或者恭敬地向他人請教問題，都是一種間接且含蓄的讚美，可以使對方產生好感。

同事之間，恰如其分的讚美能夠聯絡感情、增進友誼，但一定要以眞心實意、誠懇坦白爲基礎，並注意時機的選擇。

進行讚美時，應該注意以下幾點：

1.讚美的話語不要太誇張，言過其實的「讚美」，往往等同於「拍馬屁」，會讓人心生反感。

2.注意讚美的次數，只讚美真正該讚美的事情。過於頻繁就失去了讚美的意義，顯得浮誇不實。

3.不要在有求於人的時候大肆讚美對方，這只會讓人覺得你的動機不良，從而增加戒心。越是在自己不求對方什麼的時候，越該真心實意地表示讚美，如此效益最大。

4.針對不同的對象，選擇不同的讚美語言。若為同輩，可讚美他的精力、才幹、業績和風度；對於長輩，可以讚美他的健康、經驗、知識和成就；對於女性，可著重於讚美外表和服飾品味等。

與同事溝通時，要能夠恰當地利用讚美增進雙方的感情，這麼做能有效改善工作環境與氣氛，有利於事業的發展。

懂得利用微笑進行溝通的人，人緣必定會逐漸得到改善，並且相對地得到他人的讚許。

眞誠的微笑是善意的信使，可以將自己的眞誠心意傳遞出去。沒有人喜歡幫助那些整天皺著眉頭、愁容滿面的人，更不會信任他們。因此，即便在身負沉重壓力同時，仍要告訴自己面帶微笑，看向世界的美好，善用微笑與讚美，拉近自己與成功的距離。

與人合作，更能提高收穫

學會與人相處，用溝通化解生活中的不協調因素，為好人、行好事，方能保證職場上的暢通無阻。

有一則相當發人深省的故事，是這樣說的：

一天，一個人向上帝提出請求，希望能夠參觀天堂與地獄這兩個地方，以便對將來的歸宿做個聰明的選擇。

上帝答應了這個要求，首先帶他去參觀地獄。一進入地獄之門，這人便為映入眼簾的景況深感吃驚。所有的人都坐在擺滿了美味佳餚，水果、蔬菜、肉食的酒桌旁，但一個個都顯得愁眉苦臉、無精打采且面黃肌瘦。

原來，這裡每個人的左手都拿著一把叉，右手則拿著一把刀，刀和叉長都有足足四尺，根本就不能把飯菜送到自己嘴邊。雖然面前擺著美味佳餚，人人卻都只能挨餓。

然後，這個人又隨上帝來到了天堂參觀。

更讓他吃驚的是，那裡的景象和地獄沒有什麼兩樣，甚至連人們手中拿著的餐具都一樣，唯一的不同，在於天堂裡的所有人都笑容滿面，吃得非常飽。

為什麼有如此差別呢？原來，地獄裡的每個人只想把飯菜送進自己嘴裡，最終什麼也吃不到，天堂的人則正好相反，懂得互相幫助，相互餵飯吃，克服了餐具太長這個問題。

這個故事告訴我們，得到幫助的前提，是先向他人提供援手。給予別人的越多，自己得到的就越多，彼此相互溝通是得到成功、締造雙贏的不二法門。

以下，提供與同事合作的四大要點：

•給予他人幫助

幫助別人，實際上不僅僅是幫助自己，更是壯大自己。別人得到更多，不代表自己會相應地失去些什麼。千萬不要錯誤地認爲給予他人幫助就是自己的損失，實際上，懂得付出的人才能眞正地成就大事。

●不要單獨行動

在團隊中，每個成員都應該具有奉獻意識和團結精神，不要總是單獨行動，這對自己沒有益處。

應該在團隊中貢獻出自己的聰明才智，大膽地表述自己的觀點，拿出信心。即便眞的覺得自己的觀點或表現比不上別人，也不用消極地躲避團隊，不參加大家的任何活動。

●發出自己的聲音

想要順暢無礙地與人溝通，首先應清楚地表達你的觀點，並做詳細說明，虛心聽取他人的意見，努力瞭解其他觀點及理由。

直接準確地回答他人提出的問題，而不單單只闡述自己的觀點，對提高參與度有極明顯的效果。

•尊重他人

即使認爲自己無論在知識、能力上都比其他同事強，也不要鋒芒畢露，別忘了適度地尊重他人的意見，給他人表現自我的空間，將團隊的作用和精神發揮到最高點。

在任何一個單位或組織當中，都會有資格較老的同事，有的可能會幫助你、引導你，使你儘快地融入工作團隊當中，但也有一些道德修養較差的人，會對新同事採取打壓、欺負態度。對於喜歡找麻煩的人，在自己的能力尚不成熟前，最好避免直接衝突，儘量地遠離。

學會與人相處，用溝通化解生活中的不協調因素，爲好人、行好事，方能保證職場上的暢通無阻。

懂得聰明說話，什麼都不怕

為了使自身能力與事業得到順暢發展，與同事溝通交往時，一定要多留個心眼，多方注意。

阿諾德．本奈曾說：「日常生活中發生的衝突糾紛，大都起因於那些令人討厭的聲音、語調，以及不良談吐習慣。」

現實生活中，有些人人緣很好，極受歡迎，但也有些人處處得罪人。究其根源，在於說話方式是否夠聰明。

許多人想透過溝通達到目的，卻往往弄巧成拙、事與願違。遇到這種情況，得先尋找自身原因，看看自己說話時是否注意到了以下幾點：

‧語言婉轉

人人都有自尊心，差別只在強弱而已。

雖然人的職位有高低之分，但人格絕對是平等的。經常責怪他人，必定會一而再再而三地傷害他人自尊。用責備的口氣糾正別人，即便出發點是善意的，也會讓人感到難以接受。

有些人性格比較直，說話不喜歡轉彎抹角，這雖然不是什麼缺點，卻不好讓人接受。在辦公室與同事溝通尤其應當注意場合，避免說出過於尖銳、讓人下不了台的話，傷害彼此的感情。

‧避免嘮嘮叨叨

喜歡訴苦的人最容易犯這樣的錯誤，一見到別人，椅子還沒坐熱，就開始向他人哭訴自己的不幸，抱怨命運的不公。

可想而知，這種個性的人，絕對讓人敬而遠之，不願結交。

• 實事求是

與同事談話過程中，對自己不知道的事情，要虛心向他人請教，最忌諱不懂裝懂，更不該扮演心理分析學家的角色，對別人的言行胡亂猜測，以顯示自身知識淵博，經驗豐富。

人無完人，不可能事事皆通，能在某個領域得到出色成績就已經是很不簡單的事了。不懂裝懂只會令人生厭，所以應實事求是。

• 給他人留些空間

有些人做什麼事都喜歡標新立異，老是彰顯自己，對他人做的任何事情都看不順眼，這種情況非常要不得。

也有些人自認高明，做什麼事都單獨處理，不肯與他人合作，將自己封閉起來。這種態度就是標準的自命清高，同樣不會受到歡迎。

• 把別人的話聽完

現實生活中，具強烈表達慾望的人很多，總是不識時務地打斷他人的話，表達自己的看法，不管對方是否願意傾聽。

不妨將心比心想一想，說得興高采烈時被貿然打斷，感覺會好受嗎？毫無疑問，這種人必會爲團體排斥。

此外，與同事說話應注意尺度，避免因傷害導致日後的溝通障礙。

把話說得恰到好處，不僅對順利地開展工作很有好處，也能爲辦公室營造出良好的工作氛圍。

●不要於背後議論他人

小李在一家公司擔任業務員，平時最愛在背後說別人的閒話。

一天，一位新來的業務員和他一起出去辦事。

回程途中，小李和這名新人聊起公司內部的閒話，說這項措施不好、那項也不怎麼樣，同事們有什麼樣的缺點，主管又有哪些討人厭的毛病，把全公司上下都批評了一頓。

第二天，小李一到公司就被主管找去，狠狠批了一頓，原因不言而喻。昨天所說的那些批評的話全都傳到了同事和主管的耳朵裡去，讓小李差點落得被公司解雇的下場。

當你在某位同事面前議論其他同事的短處，並要爲你保密，對方即便嘴上滿口答應，心裡也一定會想：「你今天會在我面前議論別人，改天一定也會在別人面前議論我。」於是產生防範心理。

千萬要記住，不要在背後說他人是非，因爲這是人際相處明哲保身的最大忌諱，不僅傷害他人，也會給自己添麻煩。

•正視自己的錯誤

若在工作中犯了錯誤，你可能會爲自己辯解，找出一堆理由。即使這些理由全是眞的，你也爲解釋浪費了大量的精力，會得到什麼樣的結果？能得到他人的同情或者理解嗎？

很遺憾，恐怕都不可能。

與其如此，還不如默默尋找原因與解決的對策，積累經驗，重新開始，以最好的成績來取代解釋，讓人們打從內心欽佩。

同理，若你在無意間傷害到同事，與其刻意去解釋，不如眞誠地道歉。極力為自己找藉口不是聰明的行為，往往只會越描越黑。

誰都難免因為一時疏忽而犯錯，既然難以完全避免犯錯，眞正重要的就是對待錯誤的態度。

大家同處在一個工作環境中，磕磕碰碰在所難免，關鍵在於如何讓溝通發揮功效，及時應對處理。

無法處理好與同事的人際關係，必會影響到工作的正常進行以及事業的發展。為了使自身能力與事業得到順暢發展，與同事溝通交往時，一定要多留個心眼，多方注意。

溝通方式，因「個性」制宜

只要你認真摸清每個同事的性格和習慣，擺正心態，真誠地與對方進行交流、溝通，解決各種難題就不會是問題。

每個人都有不同的性格、愛好、興趣，因此在溝通時必須注意這一點：針對不同性格的人，要以用不同的方法進行溝通。方法運用得當，自然溝通順暢，如果方法不當，定會引起人的反感，使結果適得其反。

與不同類型的同事溝通，應該採用不同的方法，嘗試去適應對方，而非讓對方來適應你。

以下，提供與幾種不同性格同事溝通的好方法：

•性格比較刻板的同事

有些人性格比較刻板，常常是一副冷面孔，無論多熱情地和他打招呼，他都是一副冷冰冰的樣子，令人不敢接近。

這種性格刻板的人，興趣和愛好比較單一，不愛和別人往來。其實，這些人也有自己追求的目標，不過不輕易說出來罷了。

與這類人打交道，非但不能被他的冷若冰霜嚇跑，還要用熱情加以感化，並且認眞觀察，尋找出他感興趣的問題和比較關心的事，作爲展開交流的媒介。如此，相信他的死板性格將會慢慢被融化。

•傲慢自大的同事

平常接觸到的同事中，多多少少會有一些表現傲慢者。

與這種人打交道，的確使人頭疼，但往往基於工作上的需要，又不得不和他接觸，這時，不妨採取以下方法：交談時儘量做到言簡意賅、乾脆俐落，不給對方擺架子的機會；其次，抓住他的薄弱環節，進行適當的「攻擊」，滅滅他的威風與銳氣。

•沉默寡言的同事

和沉默寡言的同事溝通，也是件比較費力的事。

這樣的同事會使人感到一股沉悶的壓力，讓你沒辦法接近、瞭解他，更無從得知對方對自己是否有好感。

對於這類同事，不妨採取直接了當的方式進行交流，儘量避免迂迴式談話，讓他明白簡要地表示「行」或是「不行」、「是」或是「不是」就可以了。

•爭強好勝的同事

爭強好勝的人狂妄自大、喜愛自我炫耀，凡事都想顯現出高人一等的姿態，自我表現慾強烈，期望自己什麼都比別人強。

面對這種人，就算內心深處有意見，爲了顧全大局，仍該適當謙讓。但是必須注意一點：如果他把你的遷就忍讓當作是軟弱，變本加厲，更加不表尊重，你就該給予適當反擊，讓他受點教訓。

‧比較固執的同事

固執己見的人往往難以說服，無論別人說什麼，他都聽不進去。和這樣的人打交道，非但累人且浪費時間，往往徒勞無功。

所以，不得不與固執己見的人溝通時，要懂得適可而止，實在談不攏，就不必耗時費力了。

‧急性子同事

性情急躁的人，辦事比較果斷、草率，因此容易對事物產生錯覺和誤解，導致疏失產生。

遇到性情急躁的人，最好能將事情的順序辨明，按部就班解決，不要把問題一次性地全拋出去，以免除不必要的麻煩。

● 慢郎中同事

有急性子，自然就有慢郎中。與慢郎中同事交往，需要有耐心，即使他的步調總是無法跟上你的進度，你也必須按捺住性子，儘量配合。

在一個公司裡，會遇見不同類型的同事，爲了工作順暢，免不了得與他們交流、溝通，建立起一定的關係。不要把這當作困難的事情，只要你認眞摸清每個同事的性格和習慣，做到心中有數，擺正心態，眞誠地與對方進行交流、溝通，解決各種難題就不會是問題。

別當毫無原則的「濫好人」

答應任何請求之前，都要先審慎考量自己的能力，免得辦不成事，又得罪身邊的同事，得不償失。

法國皇帝拿破崙曾經說過一句很有道理的話：「我從不輕易許諾，因為許諾容易造成不可自拔的錯誤。」

同事之間既競爭又合作，免不了需要相互幫忙，這很正常，但有一點需要注意：在答應幫忙別人之前，一定要考慮清楚自己是否具備把事情處理好的能力，然後再做決定。

同事之間相互幫忙固然是好事，但是對於有些難辦的事，最好不要隨便答應。搪塞性的應允，最後的結果通常會讓自己難堪。

爲了一時的情面接受自己根本無法做到或做好的事情，一旦搞砸了，同事並不會考慮到你當初的熱忱或難處，只會以這件事的成敗來評價你。

就算是平時互動的關係不錯，但在同事拜託自己幫忙辦事時，仍不要不加分析地全盤接受。

現實生活中，有很多事並不是想辦就辦得到的，免不了受各種條件、因素的限制，總有一定難度。因此，當同事求你幫忙時，千萬要考慮清楚，覺得自己辦不到，便該直接拒絕。

如果很難拒絕，可以找個藉口稍微拖延，比如「讓我想想辦法」或者「過一段時間再說吧」，然後再慢慢地把事情淡化。

總之，答應任何請求之前，都要先審慎考量自己的能力。

如果非常爲難，就要實話實說，免得辦不成事，又得罪身邊的同事，弄得處處不討好，得不償失。

適度表現自己的能力

與其靠別人發現自己，不如積極地選擇洽當的場合，將自身才能以恰當的方式表現。

身在職場，免不了得與上司進行溝通交流，結果將直接影響到個人的前途發展。有效與上司溝通，可以增加感情，有利於幫助自己獲得更多、更好的機會。與上司溝通時，應遵循以下原則：

- **該爭時則爭**

當今社會充滿了競爭，而競爭又和機遇與成功息息相關，毫無疑問，過分謙讓會將晉升和成功的路堵死。

如果自己的確具有能力，就該適當地用工作成就、技能、才幹和潛力來吸引上司，表現自己，爭取更上一層樓的機會。與其靠別人發現自己，不如積極地選擇洽當的場合，將自身才能以恰當的方式表現。

•懂得表現自己

如果你覺得自己一直被大材小用，不妨透過下列幾種方法與上司溝通：

1. 將自己的能力在上司面前施展出來。
2. 經常把最新的資料與消息帶給上司，讓他感到你的重要。
3. 瞭解一下上司的好惡以及對工作的要求，設法投其所好，如此，要得到他的賞識就不難了。

如何巧妙地與上司接觸，是一門不簡單的學問。

如果自身口語表達能力強，就該在談話時突出語言的邏輯性和流暢性；如果你的專業能力強，談話時就要說得詳細一點，主動介紹一些與自身專業相關的事物。如你多才多藝，又恰巧碰到同樣多才多藝的上司，不妨「拜師學藝」，討上司歡心，同時拉近彼此的距離，這是一種相當好的溝通方法。

除此之外，還可設法表現自己的忠誠與服從，儘量在交談上力求熱情、親切，講出你之所以附和上司的原因。一般情況下，上司們都會喜歡聽見你爲他的意見和觀點找出新理由，因爲這樣既表現出了你的能力，又可爲上司臉上貼金。

下面，再提供與上司接觸必須遵守的幾項要點：

1. 如果接觸機會不多，就力求讓每次接觸都有實質意義。
2. 弄清上司喜歡的交流方式，適度地增加接觸機會。
3. 選好主題，做出充分的準備，加重接觸的分量。
4. 接觸之前，先找出自己溝通上可能存在的缺點，加以克制，以免造成上司的誤解或不耐煩。

遵循以上的原則與要點與上司接觸，你將發現彼此之間的距離不再那麼遙不可及，溝通自然不再是難事。

PART 6

保持冷靜是解決糾紛的最好途徑

身為下屬，必須謹記一件事情：
無論如何，都要讓自己保持冷靜，
同時做好自己該做的事。

做一個真正聰明的下屬

與上司相處，一方面力求保護自己，另一方面也要顧及對方的顏面。掌握這兩大原則，溝通就不會出大差錯。

想要在職場一帆風順，首先要告訴並要求自己，在與上司溝通的過程中，一定要做一個聰明的下屬。

所謂聰明的下屬，首先要能幫上司解決工作中遭遇的問題。

上司畢竟也是凡人，會遇到難以解決的問題，在這個時候，如果身爲下屬的你能適時地挺身而出，將問題圓滿解決，自然能夠得到上司的好評。

聰明的下屬不會爲上司增加負擔，而是想方設法爲對方減輕負擔，成爲組織中不可或缺的重要人物。

要想得到上司的提拔，其實並不難，只要你提升自己說話辦事的能力，並積極地朝正確方向努力，一定能夠實現。

•巧妙應對上司的不公

有些時候，上司會無視你的業績，讓你受到不公正的待遇。這時，你該不該忍氣吞聲呢？

答案是否定的，該出頭的時候，就要設法讓自己出頭。

當然，絕不能怒氣沖沖地去找上司理論，而應心平氣和地與上司把事情談清楚，讓他清楚你的優異成績，順帶讓他指出你的不足之處。

如此溝通有助於日後工作的開展，下一次，即使他想再給你不公正的評價，也找不到合適的理由。

•適度掩蓋自己的鋒芒

如果學歷比上司高、能力又比上司強，你非但不該得意，反而該更加小心，因爲這預示著你有「功高震主」的可能。

作爲上司，最忌諱的就是下級在自己面前顯示優越，特別是學歷和知識，這會讓他有種失去威信和尊嚴的危機感。所以，無論多想要讓上司知道自己的能力突出並加以重用，仍要以恰當的方式表現。

應先瞭解上司的性格特點，以此來完成他交給你的任務。同時，要非常眞誠自然地表示對上司的忠心，不管發生什麼事情，一定要與上司保持意見一致，讓他認識到你的忠心、你的能力。相信如此一來，經過一定時間的溝通磨合，他就會把你當作「自己人」看待，並加以善待。

•用合宜的方式反駁上司

對於上司的命令，若確定自己不能承擔，便應加以拒絕。但拒絕時要講究方式、方法和技巧：

第一、以委婉的方式拒絕。

拒絕、反駁的時候，委婉地提出自己的觀點，既可維護上司的面子，又能讓他感覺你說得很有道理，較容易使他改變原來的主張，轉而同意你的觀點。

第二、借助於他人的力量。

若上司要求你做某件事，你想拒絕又無法說出口時，不妨請信得過的同事伸出援手，借助他人的力量，達到拒絕目的。

會見上司之前，要與同事策劃好，一方贊成，一方反對，然後與上司爭論。爭論一會兒後，同事再向你這一方靠攏說：「似乎有些太勉強了。」如此一來，你就可以避免直接拒絕上司的尷尬了。

採用這種方法的好處之一，是讓上司認爲「這是經過大家討論之後才得出的結論」，因此任何一方都不會受到傷害。

與上司相處必須謹慎，一方面力求保護自己，另一方面也要顧及對方的顏面。掌握這兩大原則，溝通就不會出大差錯。

保持冷靜是解決糾紛的最好途徑

身為下屬，必須謹記一件事情：無論如何，都要讓自己保持冷靜，同時做好自己該做的事。

工作中，上下級之間難免產生矛盾。碰到這種狀況，埋怨無濟於事，根本解決不了問題。因此，在抱怨上司的同時，也要檢討一下自己的行爲，因爲你很有可能基於對工作的不滿，而將所有責任都推到上司頭上。

遇到這種情況，切忌意氣用事、無理取鬧，因爲這是必定會把事情搞砸的最糟糕做法。但也不能忍氣吞聲，畢竟單憑逆來順受不可能在職場出人頭地。最好的辦法，該是採取以下幾點：

• 弄清事情的真相

有時，上司的做法確實委屈了你，可你又不知原因何在。這時就該仔細調查瞭解，是不是上司眞的有意爲難，和自己過不去。

• 當忍則忍

確定了上司是有意爲難，千萬不要盲目回擊，而要想辦法找出理由拆穿他，讓他知道你不是可以任意擺佈的棋子。

若暫時找不到反駁的依據，也不要胡鬧，最好的辦法是裝糊塗，暫時忍住，等找到合適的時機再另謀對策。

• 理直自然氣壯

如果確實找到了上司有意爲難的證據，你就可以用自己所掌握的一切來與他理論。

這種時候，必須講究方法，畢竟辦公室不同於其他場所，上下級關係的距離不可逾越。在公衆場合拆穿上司，會讓他尷尬難堪，對自己沒有好處，因此最好於私下處理。切記，保持態度的不卑不亢，理直氣壯而不咄咄逼人，以留有迴旋餘地。

既然上下級之間矛盾的產生不可避免，那麼作爲下級，有必要好好研究、學習一下化解矛盾的方法：

・有話照直說

不管上司持什麼態度，都要找一個合適場合，把道理向對方講明，讓他明白你內心眞正的感受。

・以德報怨

能夠對上司以德報怨，才容易把事情辦好。

切記一點，無論自己當時心裡多不好受，都要用寬宏大量的態度將矛盾化解，便於日後與上司繼續良性溝通。

・無愧於心

如果矛盾的產生完全在於上司，而且對方夠明理，那麼也無須太擔心，等到氣頭過去後，上司多能主動釋出善意。

身爲下屬，必須謹記一件事情：無論如何，都要讓自己保持冷靜，同時做好自己該做的事。認眞負責，就是你與上司之間溝通的最有力憑藉，也是在職場生存最好的護身符。

想「進諫」，要抓準關鍵

大凡聰明的下屬想要改變領導者的意見，不會直接了當地進諫，而是提出大量可行的建議，但將得出結論的工作留給上司。

身為一名責任心強的下屬，發現上司的決策錯誤，為了維護公司利益，應該給予忠告。但向上司「進諫」必須小心，得先仔細地考慮清楚，究竟該怎麼去說，才能取得最理想效果。

- **不要刻意否定上司的意見**

下屬向上司「進諫」，必須注意兩個層面：其一，從正面把自己的觀點告訴上司，其二，儘量不要給予否定和批駁，以避免與上司產生正面衝突。

假設你是某公司部門經理，由於業務發展迅速，需要配一名專管業務的副手。你想選一位有經驗的人，上司卻準備從其他部門派一名外行人給你。面對這種情況，你若懂得把話題焦點放在一名副經理自身應具備的條件上，而不是去否定上司選人不準確，就能較聰明地避免矛盾衝突，同時達到自己的目的。

•儘量私下「進諫」

向上司進諫，要多利用非正式場合，正式場合則給對方留足面子，這樣就不至於損及自己在上司心目中的形象，同時也有利於維護上司個人尊嚴，不至於使他陷入難堪。

美國心理學家羅賓森教授曾說：「大部分人都很容易改變自己的看法，但如果有人當眾說他錯了，他會惱火，更加固執己見，甚至全心全意地維護自己的看法。這不是因為那種看法多麼珍貴，而是他的自尊心受到了威脅。」

透過羅賓森的話，我們發現自尊心人人都有，都想去維護。所以在「進諫」時千萬不要忘記這一點：儘量私下進行。

●多提意見，少下結論

知名的成功大師戴爾．卡耐基曾經說過：「如果你僅僅提出建議，而讓別人去得出結論，他會覺得這個想法是他自己想出來的，這不是更聰明嗎？」

大凡聰明的下屬想要改變領導者的意見，不會直接了當地進諫，而是提出大量可行的建議，但將得出結論的工作留給上司。換句話說，即是由身爲下屬的你種樹、培育，但讓主管者摘果。

職場中上下級的關係非常特殊，所以也最難相處、最難溝通，但只要掌握了一定的方法和尺度，抓準大原則，一切就容易得多了。

現實工作中，各種類型的上司都有，特色和個性自然也各有千秋，需要你認眞揣摩，在實踐中找出與上司順暢溝通並自保的技巧，這才是最實用的。

正確與下級溝通，領導才能成功

作為一名好領導者的前提條件，就是在利用權力的同時還要與員工經常溝通，以化解上下級間的鴻溝。

現在，越來越多的公司主管開始注意到溝通的作用。

在長期的領導工作中，他們逐漸認識到一個道理：唯有溝通才能眞正地激勵員工、鼓舞員工，使員工投入到工作當中。

身爲主管者，若想與員工保持良好關係，暢通無礙地溝通，你應審愼把握以下幾項大原則：

- **多為下級著想**

相信絕大多數人都會同意，作爲一個領導者，要想讓員工對你尊敬有加，不是一件容易的事。

常言道：「討好一個人難上難，得罪一個人只一句言。」常常只是一句話，一個微小細節，就會引起他人的誤會，更何況身爲領導者，想不得罪手下衆多員工，豈是一件容易的事？

即便你本來與下屬的關係一直良好，但只要一時稍微不在意，便可能不知不覺間得罪了人，讓下屬心中產生怨言，可身爲當事人的你卻完全不知道。

李經理掌管一個部門已經很多年了，原本一切都相當順利，但由於公司上級要拓展業務，接連不斷地指派新的任務下來，於是他要比過往花更多時間與上層領導者開會，同時還要及時地將一些工作分配給下屬。

被績效壓力壓得喘不過氣來的他，根本顧不上與下屬交流溝通，可是一段時間以後，他發現事情顯得不對勁——員工們看他的眼色變得很難看，工作效率也比以前要低了許多。

幸而李經理及時察覺，也深知假如不予理會，任狀況發展下去，後果將不堪設想。因此，他馬上放下身段與員工進行溝通，終於化解了一場可能的危機，使狀況獲得改善。

事情往往就是這樣的，在工作量加大，工資不漲的情況下，作爲部門領導者，就有責任去爲下屬爭取合理的勞動報酬。

一個能處處爲下屬著想，敢於爲下屬擔責任的領導者，才會受到員工們的擁護和愛戴，燃起即便赴湯蹈火也在所不辭的意識。

●在下級面前有領導的樣子

穩固上下級關係，是企業走向輝煌的重要憑藉，許多成功領導者的事例已經說明了這個道理。

另外，對待自己的下屬，一定要做到大公無私、人人平等，只有這樣才會令下屬信服，在他們心目中留下良好的印象。

出言必行，誠懇守信，是每個領導必須遵守的原則。經常食言絕對是溝通大忌，只會讓下屬不再信任你。

必須要求自己敢擔重責，即當出了問題時，要敢為你的下屬包攬過失，概括承擔責任，而不是將一切推得一乾二淨。相對的，若工作進展良好，你應將這份功勞歸功於下屬，千萬不可據為己有。

在下屬面前為自己樹起良好的權威，不要隨便開一些不符合身分的玩笑，你的命令才會得到下屬的妥善遵守與執行。

身為領導者，要做到將團隊治理成為以你為核心、以每位員工為半徑的集體，如此一來，整體力量絕對會非常強大，下屬必然對你充滿信心，上司也會對你賞識有加。

作為一個上司，最忌諱就是有遲到早退、公器私用等不良行為，任何事情都要確切地以身作則，如此才能讓下屬信服。

●善於化解下屬之間的是非

在辦公室裡，免不了有是非與爭執發生。

身爲領導者，面對下級中發生的公私事糾紛，要如何處理？能夠選擇出正確的方式，才能使事情得到圓滿而妥善的解決。反之，將會爲以後工作的順利進行設阻。若是等問題鬧大了，才想要解開這個結，狀況將會變得更加棘手。

所以，作爲上司，你的最重要任務，是要使工作在任何情況下都能正常進行，團結團隊中的每一位員工，使他們將自身能力與效率發揮到最大。

提高部門的工作效率是你的最終目標，老闆滿意了，員工對你感到尊敬愛戴，你的領導角色才算眞正扮演好。

最難辦的就是人際關係，特別是同事間遇到利益衝突時，很容易釀成大大小小的紛爭，而且難有眞正休止的一天。

面對這種情況，作爲上司的你應該做好調解工作，一方面緩解辦公室裡緊張的氣氛，另一方面盡力瞭解下屬之間的矛盾，協助解決。

下屬間出現矛盾糾紛，作爲上司千萬別參與到戰爭中去，正確的做法是要瞭解情況、觀察動態，有效化解矛盾。

例如，當你得知某個下屬受到其他同事圍攻，在同事之中幾乎已無立足之地。遇到這種必須立即處理的情況，身爲領導者的你就該及時了解來龍去脈，爲那位處境難堪的下屬解圍。

同時，還要利用好自己的權力，以嚴肅的態度告訴所有員工，辦公室裡嚴禁有類似的事情發生。

辦公室氣氛的融洽與否、工作效率的高低，與領導者是否會爲人，是否會處理上下級溝通，有著直接的關係。

既做到讓上層領導賞識，又讓下屬尊敬愛戴，這樣的主管，才稱得上是一位好的領導者。作爲一名好領導者的前提條件，就是在利用權力的同時還要與員工經常溝通，化解上下級間的鴻溝，追求達到成功。

透過拜訪提昇形象

拜訪是一門綜合性的藝術，已經廣泛地應用到日常交往當中。能否靈活運用此方在溝通、辦事中顯得頗為重要。

現實生活中少不了應酬，應酬是促進交流、增進感情、洽談生意的紐帶。既然生活中少不了應酬就要「勇敢」地面對，輕鬆地看待。

有專家指出，事業的成功才能占十五％，人際交往占八十五％。而應酬成爲人際交往的重要內容，所以要學會應酬，善於應酬，才能把事辦好。

談及應酬，必須懂得如何正確拜訪他人。

拜訪是爲了更好的溝通，溝通是爲了相互瞭解，相互瞭解是爲了達到各自的目的。必須明瞭，拜訪是溝通的前提，前提條件準備充分了，以後的工作才能順暢地進行。

拜訪，顧名思義，是指恭敬的拜會、訪問，既然是主動登門，就講究個方式方法，方法得當了，可能勝算就大一些。

•拜訪前先預約

想要登門拜訪別人之前，要先打電話預約，特別是在繁忙的商業交際中，更應注重這一點。

在時間安排上，儘量配合被拜訪者。如果你拜訪的是一位德高望重的人物，而且他的時間安排得很緊，那麼就更應提早聯繫確定拜訪時間。

事情都具有兩面性，約得越早，改變主意的可能性也會相對增大。因此，把握恰當的時間很重要。

•時間觀念要強

如果你代表公司去做拜訪時，你要提前五分鐘到達拜訪的地點，做個守時的人。因爲你所代表的是整個公司，一舉一動、言談舉止上都要得體，不然就會損傷公司在對方心目中的形象。

在拜訪之前，打電話和與對方確定見面的時間地點，是最重要的禮節問題。然而一旦時間確定、地點落實後，時間觀念需馬上提到最高點，做個守時的人。

如果對方是時間觀念很強的人，不管你因爲什麼遲到，都會給對方留下不好的印象。所以，時間地點確定後，一定要把交通路線、路況打聽清楚，出發時還要考慮到意外因素，確保在預定時間到達預定地點，只可提前不能晚到。

如此，抵達目的地後還有時間事先把準備和對方討論的內容再考慮一遍，從而做到胸有成竹。

•根據場合把握時間

商務拜訪不宜時間太久，但是也不能事情辦完後，立刻起身告辭。如果對方需要的話還可以陪他聊聊天，在這過程中拉近雙方的距離。

如果你認爲談完事情後需要立刻離開，也沒有必要顧慮對方，擔心起身告辭會造成什麼樣的影響，因為是你去拜訪對方，提出離開的主動權在你，主人不可能提醒你該離開了，也不能強迫請你告辭。

告辭時也要有一定的方式，最好不要說：「那就這樣吧，今天就到此為止吧！」這是不高明的方式。

你可以說：「那好，如果您對這件事沒有意見的話……」對方當然明白你的意思，就會接著說：「沒問題了，今天就這樣吧。」這時你再起身告辭就展現出你是個有禮數的人，也會給別人留下深刻的印象。

假如與對方談話時間超出了預期，該如何處理？

遇到這種情況，就要考慮還沒有談完的事情的重要程度，有沒有必要延長時間繼續談下去。

如事情非常重要，要用委婉的語氣向對方說明白，表示再耽誤他一點時間請求他允許。如果對方表示同意，你可以繼續把事情解決完，如果對方還有別的事，則需要以後再打電話聯絡，再約拜訪時間。

如果接下來的事不太重要了，那麼，在對方沒有要留你閒談的意思時，你就可以起身告辭了。

拜訪是一門綜合性的藝術，已經廣泛地應用到日常交往當中。能否靈活運用，在溝通、辦事中顯得頗爲重要。拜訪成功，事情自然水到渠成；反之，當然竹籃打水一場空，搞不好還會被掃地出門，置你於尷尬境地。

約會，也是溝通的好機會

展開良好溝通的最佳時機，是無論什麼時候，只要對方真誠相邀，就儘量做到有邀必赴，如果可能的話，不妨回請。

擴大人際關係的途徑之一，就是積極地接受別人對你的邀請。在酒席上可以大展你的溝通能力和談話水平，去結識你以前不認識或不熟悉的朋友，這樣你的人脈關係網就會慢慢張大。

參加別人的邀請是創造溝通、擴大人際關係的方式之一，所以在正常情況下要儘可能的去赴約。

現實生活中，常碰到這樣的情況：

狀況一——有人對你說：「今晚有空嗎？去喝幾杯怎樣？」

當你聽到這樣的邀約時，即使在家或辦公室裡你已喝過了，不想再喝的情況下，也應該愉快地應邀。只要不是走不開，就要答應對方：「當然可以，一定去，時間地點你定。」用一種輕鬆爽快的話語表達你的誠意。

有人認爲社交應酬太麻煩，覺得出席那樣的場合沒有價值。其實，這種想法根本不瞭解社交應酬的妙處。

雖然它不能立刻給你什麼實質回報，但是有時能夠給你提供很多的有利於事業發展的機會。

如果遇到有人邀請你到他家做客時，要向對方問清楚你什麼時間去合適，然後按時赴約。

狀況二——當對方對你說：「有空來坐坐，我請你吃飯。」

你應該說：「你看我下周日去怎麼樣？會打擾你嗎？」

對方回答可以後，你再帶著歡愉的心情去赴約，這樣對方也會感覺到你來他家的誠意，認爲你是從心底裡信任他。

在社交過程中能否取得成功往往只在你的一念之間，體會了赴約的眞正意義，懂得了應邀的奧妙，你的人際關係網就會慢慢地擴大，和不同人士的溝通能力也日益增強。

赴完他人的邀約後，你必須對人說一聲：「多謝您的熱情招待！」邀約應該是相互的，有時候你也應該回邀其他人。

赴約也要一定的學問，在赴他人的約會時一定要注意以下幾點：

• 信守承諾

答應他人要赴他的約以後，無論如何也要趕到，除非有非常要緊的事情，剛好與你赴約的時間重合。這時，必須向邀請你的人打電話以表謙意，並表示下次有時間定會赴約，或者爲表誠意，回邀他人。

• 遵守時間

在赴約時一定要注重時間的安排，準時到達約定地點，這樣表示出你對對方邀約的重視程度。

・真情實意

對待別人邀請要眞心實意去赴約。不能心口不一，嘴上答應他人要去，實際上心裡非常不願意參加。

若在他人熱情的邀請下，勉爲其難地答應了，見面後表現出一副不耐煩的樣子，與其這樣還不如不去。

這種表現既傷了邀請人的自尊心，也傷了彼此間的情分。

展開良好溝通的最佳時機，是無論什麼時候，只要對方眞誠相邀，就儘量做到有邀必赴。如果可能的話，不妨回請，這樣在原有的基礎上加深了你與對方建立起來的關係，以後就不會再出現人到用時方恨少的尷尬局面了。

PART 7

坦然面對，問題才會解決

無論在商場還是談判席上，普遍適用的不變法則，
就是面對抱怨時，絕對不可逃避，
唯有坦然面對，才是解決之道。

坦然面對，問題才會解決

無論在商場還是談判席上，普遍適用的不變法則，就是面對抱怨時，絕對不可逃避，唯有坦然面對，才是解決之道。

日本東芝公司董事長土光敏夫，有一次聽業務員抱怨說，有一筆生意，因為買方的課長經常外出，業務員幾次去拜訪，都撲了空，所以總是無法談成。

土光敏夫聽了這種情形，便來個「御駕親征」，親自去那位課長的辦公室等候，最後終於見到了那位外出回來的課長。

當這位課長知道了土光敏夫的身分，並已守候多時後，深受感動——交易額才不過二、三十萬日元的生意，東芝公司的董事長竟然親自前來辦公室等候他，真是十分難得。

課長於是與土光敏夫立即進行洽談，談判十分順利，並當場簽約。

土光敏夫不僅做成了這筆許久不能談成的生意，更由於他的坦誠態度，建立了雙方長期的交易往來，使東芝在日本工商界建立了良好聲譽，訂單如雪片般飛來。

無論在商場還是談判席上，普遍適用的不變法則，就是面對抱怨時，絕對不可逃避，唯有坦然面對，才是解決之道。

某化工原料廠接到一個使用者發牢騷的電話：「你們搞什麼鬼？這批原料一點兒也不好用，你們派人來看看吧。」

銷售部於是開始爭論，有人說：「貨已進入他們的工廠，可能在現場混和了其他廠家的劣等貨，卻怪罪到我們頭上。」

也有人說：「這批貨同樣出售給別的廠家，卻只此一家怨聲載道，可能是有意找碴吧？」

一位老銷售員說道：「這家是老客戶，似乎應該重視他們的意見。」銷售部經理見意見不一，遂擱下此事。可是，這家客戶以後再也沒有上門過，詢問時，他們說：「不必麻煩了，另一家的原料比較好用。」

日本一家公司的化學部S課長說：「接到客戶的抱怨時，一定要先前往做初步的瞭解，然後給大家三天的緩衝時間，問題往往會在這三天之內獲得解決。」

如果客戶抱怨的是技術方面的問題，就算是資深業務員，也未必能做出正確判斷，必須由技術部門派員徵詢意見，並及時研討及解決。

商場上的價格問題，比技術問題顯得更重要，尤其貿易商全靠價格吃飯，這方面的抱怨當然會更多。當聽到買方抱怨時，絕不能像上述化工原料廠一樣擱置不管，因為直到失去客戶時再去過問，已經來不及了，最好是銷售部與產品部一同前往瞭解，即時協調。

如果銷售部長一人前往，應準備充分時間，因為不能走馬看花般匆匆來去。

而且，除了致歉，還必須表現出解決問題的誠意，找出問題癥結所在後，請求對方寬限數天，然後提出妥善處理的意見。

碰到麻煩的時候，絕對不可以逃避。不論抱怨的內容多麼棘手，也要去瞭解後，才能進一步解決。本來可以解決的事，往往就因爲一時的逃避而陷入了僵局。

當然，處理抱怨的人，沒有人會有愉悅的心情，因爲在這種情況下前去，只有挨罵的份兒，不會得到好臉色的。

然而，要平息對方怨氣甚至怒氣，必須拿出點兒眞功夫，所以，這也是對銷售人員能力的一種考驗。

處理這類問題的人，只想「糟糕了！糟糕了！」歎息是不成的，而是需要耐心和人際關係雙管齊下才行。

臉皮越厚，招數越多

對手的個性、技巧不同，自己也將受到對手用盡一切卑劣招數來進行輪番轟炸。所以，臉皮越厚，瞭解的招數越多，越有可能在談判中佔優勢，減少失敗的次數。

「勝敗乃兵家常事」，在談判過程中遭遇勝敗也不足爲奇。交易成敗關係到自己切身的利益，談判雙方趨於成交的願望，基本上是一致的。所以，談判者都希望成功率儘量高些，失敗次數儘量少些。

但是，即使是談判高手，也免不了會有失敗的經驗，重點在於看待失敗的態度。失敗並不可怕，可怕的是失敗後消沉、氣餒。

對待失敗的積極態度，應該是吸取教訓，總結失敗的經驗，然後設法拿出反敗爲勝的王牌。

由於對手的個性、技巧不同，自己也將在不同程度上，受到對手用盡一切卑劣招數來進行輪番轟炸。所以，臉皮越厚，瞭解的招數越多，越有可能在談判中佔優勢，減少失敗的次數。

因爲，在談判中沒人能打百分之百的包票，所以防止遭受慘敗和反敗爲勝的因素，還應包括以下幾項：

- 得到協力廠商對你的對手的評估；
- 細審對手提出的任何要求；
- 不要為任何說出來、做出來的事感到難為情；
- 不必針對對手的言行做假設，而是根據事實來決定自己的舉措；
- 別怕談判不成就拜拜，避免陷入人身攻擊的困境；
- 記取每次談判失敗的教訓，作為轉敗為勝的必備條件。

卡內基是美國著名的成人教育家，有一次，他想租用一家大飯店禮堂來舉辦訓練班。

可是，交涉中途，飯店卻臨時通知他，要他付出比原來多三倍的租金。

後來，他終於打聽出，原來經理為了賺更多錢，暗地裡打算把禮堂改租給別人舉辦舞會或晚會。

面對這個唯利是圖的商人，看來卡內基唯一的辦法，就是放棄這家飯店，找一家租金便宜的地方繼續開課。

但是，事情的結果，卻完全不是這樣。

卡內基找到飯店經理，對他說：「假如我處在你的地位，或許也會發出同樣的通知。你是這家飯店的經理，責任是讓飯店儘量獲利，若不這樣做的話，你的經理職位就保不住。」

卡內基接著說：「大禮堂不出租給講課的，而租給舉辦舞會的、晚會的，當然可以獲得大利。因為，舉行這一類的活動，時間不長，他們能一次就付出很高的租金，比我的多得多。要是租給我的話，你們真是吃虧了。」

卡內基鬆懈了對方的戒備情緒後，又道：「但是，你要增加我的租金，實際上是要把我趕走，因為我付不起你要的租金，所以我勢必要另外找地方來舉辦訓練班。不過，你要知道，這個訓練班吸引了成千受過高等教育的中上層管理階級人士，這些人到你的飯店來聽課，實際上是免費為飯店做廣告。相反的，你若是花五千元在報紙上登廣告，也不可能邀請這麼多人親自來參觀。而我的訓練班卻幫你邀請來了，這難道不划算嗎？」

最後，卡內基運用欲擒故縱的說服術，終於使經理改變了態度，說服了飯店經理放棄增加租金的要求，使訓練班得以繼續辦下去。

禮數做全，成功就不遠

請客吃飯的目的並不在於討論工作上的問題，而是拉近彼此間的距離，廣交朋友擴大人脈網。

在溝通聯絡感情時，請請客、吃吃飯，是正常現象。但是，請客是要講究的，必須掌握要領和方法，不然，非但達不到目的，恐怕還會起到適得其反的效果。

在商海打拼的人，如果在吃的方面斤斤計較的話，與客戶一起用餐時，樣樣都要依你的胃口，這樣會導致不良的後果。

爲此，你應調整飲食習慣，克服挑食的毛病。當然在選擇吃什麼的時候還是要留意一下對方的意見，最好在吃飯前與對方交流一下意見做個飯前溝通，以便掌握對方的口味，從而達到陪好客人的任務。

平時的一日三餐我們吃得可能不太講究，但在陪客中還是有一定的做法的，以下提供幾項最好能遵守的大原則：

•午餐的吃法

請人吃午餐也是一門藝術，弄得不好就會洋相百出。

有的人想要約某人一起用午餐，可卻不問人家願不願意，硬拉著他到自己認爲比較不錯的餐廳去用午餐，不問他人的喜好，憑自己的感覺點了自己認爲好吃的東西給對方。

試想，這不是難爲人嗎？人家不但不領你的情，還會以爲你在侮辱他，原本好意請人吃飯，結果卻弄的一身不是。

還有一種情況，對方喜歡吃某一道菜，但是也不是在什麼時候都對這道菜情有獨鍾，不管在什麼情況下什麼場合都要吃這道菜的。

所以，在用餐之前應禮貌性的徵求一下對方的意見。

午餐時，酒的問題也和飯的情況差不多，在選擇上都應該徵求一下對方的意見要還是不要，要什麼樣的酒。

假如對方下午有重要的事情要處理，而你把酒擺到桌面上，一而再，再而三地向對方敬酒，這時對方會很爲難。

要是喝了，下午就沒法展開工作；要是不喝，又覺得不好意思。這種情況下，對方當然無法高興起來，結果落了個不歡而散。

當你身處外地人生地不熟時，要想請對方吃飯的話，可以請別人幫忙聯繫飯店。吃過飯後在付錢方面一定要注意。雖然你與對方事先說好由你請客，但對方硬要付錢時，可能他是爲了面子去付錢，也有可能他是誠心誠意地去付錢，無論是哪一種情況，你都要婉言謝絕。

這是日常交際必須懂得的常識。

• 晚餐的吃法

與客戶共進晚餐時，點菜權一定要交給對方。如果對方點的菜剛好符合自己的口味，那是最好不過的了；萬一與你的胃口不一致，最好暫時委屈一下。

如果，客戶來到公司拜訪並且想在公司附近吃晚餐時，有的人就把客戶帶到公司招待客戶專用的餐廳，自作主張地擺上一桌，不管對方喜歡還是不喜歡，其實這樣未必會取得好的結果。

如果換一種招待方式，在準備晚餐前，徵求對方的意見，喜歡什麼口味的飯菜，當然還要問清對方對酒的要求，喜歡什麼酒，能喝多少等等。一切弄清楚後，再去準備晚餐也不遲。

●談些輕鬆的話題

餐桌上，是一個令人放鬆的場所，在餐桌上講話時一定要注意到這一點，爲了使餐桌有高興愉快的氣氛，儘量講一些輕鬆愉快的，無傷大雅的話題。而那些不衛生的話題或容易使人產生不當聯想的話題都應避免。

餐桌上不是在辦公室裡。有的人在招待客戶吃飯時，還一個勁地談論公司生意上的問題，對方剛把話題轉移到其他事情上，你又把他拉了回來還自鳴得意，其實就樣就犯了戰略上的錯誤。

當然如果在辦公室裡沒談完的事情，在吃飯前與客戶說好了邊吃邊談，或者是對方主動地提起話題，就另當別論了。

總而言之，別讓餐桌上的氣氛太緊張就好。

陪同客人吃飯也要講究方法，方法運用得當，以後的事情如交朋識友、商業洽談等等都會順利地進行。反之，你給對方的印象會更糟，你的目的當然達不到了。

其實，請客吃飯的目的並不在於討論工作上的問題，而是拉近彼此間的距離，廣交朋友擴大人脈網，爲以後的成功做鋪墊。

「禮數」全做到了，成功也就離你不遠了。

有效溝通，與朋友正確互動

若是真正的朋友，彼此之間互相幫助非但不會損及友誼與顏面，更能讓雙方感到幸福與成就。

提及人際溝通，就要從與朋友的互動相處開始談起。

每個人都需要朋友，好朋友是個人一生的財富，能助人從幼稚走向成熟，從缺憾走向完美。

但是，好友難求，畢竟既能同甘又能共苦，才算得上是眞正的朋友。

日常生活和工作中，我們需要朋友的幫助，廣交朋友，等同於積累人生財富。那麼，我們應該透過哪些方式正確地與人建立關係、拓展自己的交友圈呢？

●找時間交朋友

現在，人們的生活節奏越來越快、步調越來越緊張，在忙於工作與家庭的情況下，想要多交朋友，極有可能面臨時間不足的困擾。不過，爲了得到珍貴的友誼，犧牲一點時間是絕對值得的。

●多與對方聯繫

不管彼此之間的關係多麼穩固，長時間缺乏聯繫，難免會冷淡下來。因此，別忘了有事沒事打個電話給朋友，主動付出善意同時加深感情，是保持友誼必不可少的方式。

●尊重朋友的個別差異

仔細觀察你的所有朋友，必定會發現每個人的性格、脾氣、喜好都各不相同，待人處事之道也不會完全一樣。

人與人間必然有差異存在，因此對待朋友不必要求千篇一律，更不該把自己的想法強加於人。

• 無須凡事斤斤計較

過分的苛求容易傷人，尤其朋友之間的相處，更應該要求自己做到寬容、大度。如果凡事斤斤計較，必定很難交到長久的朋友。

• 與朋友互信互助

曾有位作家說：「如果你想結交到真心的好朋友，就請先放下架子，坦然接受對方的幫助。」

對待朋友，當然要肯於伸出援手，付出眞心。同理，當我們需要幫助的時候，也該以平和的心態接受朋友的援助。

切記一點：若是眞正的朋友，彼此之間互相幫助非但不會損及友誼與顏面，更能讓雙方感到幸福與成就。

朋友在我們生命中，佔有舉足輕重的重要位置。如果一個人沒有朋友，即便自身擁有再強大的能力與才華，也難免因勢單力薄感到孤寂、挫敗，很難得到真正且長久的成功。

明白了這個道理之後，就讓我們從今日起，試著透過正確且有效的溝通方式多交朋友吧！

結交真正「值得」的朋友

識人既要看平時，也要注重關鍵時刻，畢竟不管處在什麼時候或什麼場合，都能顯示出一個人的本性、氣質、才能。

人都會希望自己擁有許多性格上的優點，諸如勇敢、沉靜、無私、超然等等，但事實上，一個人很難做到十全十美，多半只擁有一兩項優點。這種時候，可以透過結交值得尊敬的朋友，督促自己於修養上繼續學習、進取。

人際互動是一門學問，我們在提升溝通技巧之前，首先應先要求自己具備正確的識人眼光。

和以下幾種人結交，應當以不同的態度應對：

•真誠正直的人

他們待人誠懇、忠厚老實且心地善良。對事情熱心負責，遇到困難不會一味推卸責任，作風正派、心胸寬廣、肯主動關心朋友、言出必行。

由於信譽良好、樂於助人，這種人不僅僅是很好的合作夥伴，而且還是非常好的朋友。

他們多半志趣高潔、修養甚高，做人處事有禮有節，做事講原則，生活充實且富有意義。對這類朋友要以誠相待，自身應注意修養，並保持謙虛態度，學習對方的優點。

可以說，能結交這類朋友，是三生有幸。

•圓滑世故的人

圓滑且世故的人往往目標遠大，野心極高，常常將身邊的人或物當作前進的跳板，既不太重視，又唯恐完全失去；既不願意太過熱絡，又不得不敷衍應付。這類人多半崇拜能力與金錢，不僅深知素質與才能的用處，更相信口才、社交手段的重要，同時還熟諳金錢的與權力的「魔力」。他們渴望得到能力、財富和權勢，同時又希望自己能從權力與金錢的控制下跳脫。

大部分人忽略的是，這類人雖然表現得有些滑頭，總說一套做一套，但他們實際上也渴望得到眞心的朋友。

與這類朋友相處，還是應當以眞心相待，不用太拘謹，否則可能產生反效果，讓他的「職業病」發作，懷疑你是否懷著什麼陰謀，爲彼此的關係蒙上陰影。遇上困難挫折時，不妨與他同謀，可有效加深友情。

當然，初交此類朋友，還是得留點戒心，以免吃虧上當。

●若即若離的人

有些人可能是先天性格使然，也可能是受到後天生活環境影響，性格較內向、少言寡語，看起來比較冷漠無情。

但正是由於長期沉默寡言，缺乏交流，他們於心中積累了相當深刻的感悟。可以這麼說，這類人內涵豐富，只是對世事與人際互動的渴求不如他人強烈，更嚮往清幽淡雅的純樸生活。

對於第一類人，若能時刻給予鼓勵與支持，他將大受激發、埋頭苦幹，奮鬥並有所作爲。但切記不可過於親熱，也不宜讓交往模式太入俗套，更不能唯唯諾諾、阿諛奉承，因爲這不利於建立穩固關係。

對於第二、第三類人，不妨與之多溝通，有機會就一起談天說地，講人生、論生活，在心靈上達成一致，靠世界觀、人生觀、價値觀的交流讓自己觸動對方的眞心，成爲知己。

和朋友相處，要善於識別。而識別一個人既要看平時，也要注重關鍵時刻，畢竟不管處在什麼時候或什麼場合，都能從某種層面上顯示出一個人的本性、氣質、才能。

眞正的朋友，是相濡以沫，是肝膽相照，是志同道合，是風雨同舟。廣交朋友絕對必要，抓住眞正値得的好朋友，就等於成功了一半。

保持適當距離，情誼更美麗

與人互動、溝通時，還是應該秉持「害人之心不可有，防人之心不可無」的態度，付出真心同時，適度地畫出防線。

友情就像彈簧，必須保持適度的距離，並給予適度的拉伸和壓縮，才能使它保持永久的彈性。

保持適當距離是維繫人際關係的要素之一，即便是有著親密關係的好朋友也不例外。成為好友，只說明彼此在某些方面具有共同的目標、愛好或見解，並不能代表你們可毫無間隙地融為一體。

任何事物都擁有獨特的個性，與他人的共性則存於個性之中。可以說，共性是友誼的連接與潤滑劑，個性和距離則是讓友誼保持生命力的根本。

「金無足赤」，人性的瑕斑也會在友誼的光環中出現，過近的距離、過深的瞭解，將使你發現到對方人性中自私甚至卑劣的一面。於是，被欺騙感和不忠實感逐漸產生，使你對友誼感到懷疑，從而導致了冷淡和爭執，致使根基動搖，彼此關係再難恢復到原來的美好。這時你必會懊惱：爲什麼要盲目地拉近距離，破壞曾經的美感與自在呢？

人生在世，一輩子都在不斷地交新朋友，但新朋友未必比老朋友好，失去友情更是人生的極大損失。

因此，必須記住：一定要與好友「保持距離」，不要讓過近的距離帶來溝通不良的後果，造成遺憾。

交友的過程，往往就是彼此氣質相互吸引的過程，因爲兩個人擁有「共識」，得以越過鴻溝成爲好友，甚至「一見如故，相識恨晚」。

這種現象，無論在異性或同性間都會發生，但無論如何，雙方之間總有差異，因爲彼此來自不同的環境，接受不同的教育，人生觀、價值觀再接近，都不可能完全相同。

當初識到熟識的「蜜月期」一過，便無可避免地要碰觸彼此的差異，這時候，若不懂得調適，就會產生摩擦不快。

人性就是如此矛盾，得不到時總想得到，未靠近時總想貼在一起，但眞正得到和靠近後，卻又太過苛求，處處不滿意，傷害他人也傷害自己。

好友間的相處，就算只是一件芝麻綠豆大的小事，也可能造成兩人之間感情的破裂。與其因爲太接近而彼此傷害，倒不如「保持距離」，以策安全。

「保持距離」，簡單來說，就是不要太過親密，留給彼此一些私密空間。無論雙方多麼熟悉，仍要守「禮」，保持應有的尊重。「禮」所扮演的角色，便是防止因碰撞產生傷害的「海綿」。

朋友相處，應當重視的是感情上的相互理解，以及遇到困難時的互相扶持幫助，而不是瞭解一些太過細微、沒有必要知道的事情。有些人爲了表示對朋友的信任，貿然把自己的一切和盤托出，無疑是一種錯誤、輕率的溝通手段。若是不幸碰上居心不良、懷有歹意的人，就會招致麻煩。

另外，還有一點必須注意，就是不要任意在朋友面前議論他人是非。

如果你的朋友是個通情達理的人，必定會適時勸告你、開導你，告訴你隨便議論他人的壞處。

如果不巧這位朋友是個好惹是生非的人，很有可能把你的話傳出去，甚至誇大事實、添油加醋，有意挑起衝突，引來對方的怨恨，讓你舉步維艱。

與人互動、溝通時，還是應該秉持「害人之心不可有，防人之心不可無」的態度，付出眞心同時，適度地畫出防線，保持應有距離，讓彼此的感情在良性環境下發展茁壯。

PART 8

相互尊重，有利於溝通

人與人之間的溝通交流都是相互的，

投之以桃，才能報之以李。

要想贏得真正的友誼，

首先要懂得寬以待人的道理。

人際間的爭執，處理要明智

無論狀況多麼嚴重，都會有解決的方法，因此不該逃避問題，要以積極態度展開溝通，以求消除分歧，達成共識。

朋友相處，難免會碰上一些「麻煩」，如爭吵、彆扭、意見不合、經濟糾紛等等。如處理不好，就會造成友情破裂，甚至反目相向；處理得及時妥善，則多半可盡釋前嫌，和好如初。

糾紛的產生是正常的，能否及時妥善處理最爲重要。

與朋友發生爭論時，正確溝通態度應該是「求同存異」。「求同」，以在爭論中提高自己的論點可信度；「存異」，以客觀容許多種不同的看法存在。

無論如何，切記不要正面衝突，並應致力於緩和氣氛。畢竟正面衝突多半無益於溝通，徒然使雙方都感到難堪，下不了台。

如果不幸和朋友間出現爭論，必須秉持這樣的態度：針對重要原則問題，可以心平氣和並開誠佈公地討論，若只是細枝末節的東西，大可不必浪費力氣，非要爭個你死我活，分出勝負不可，因爲這麼做沒有意義。

即便是親密的朋友，因見解殊離產生對立也是正常不過的事情。分歧產生難免導致某種程度上的疏離，這時候，若想繼續維持彼此的情誼，就該遵循以下原則，主動和朋友溝通。

• 繼續保持忠誠和信任

不要因爲觀點存在分歧而詆毀對方，這是沒有氣度的行爲。基於道義，你還是應儘量維護朋友的威信、觀點，幫他說話。

•暫時拉開距離

儘量使雙方的分歧維持在「冷凍」狀態，讓時間和事實來證明究竟誰是正確的，誰是錯誤的，避免讓糾紛繼續擴大。

•保持平等和尊重

不要固執地認爲自己的想法一定是對的，別人一定是錯的，更要記住一點：朋友之間沒有高低之分。就算自己眞的是對的，也要給對方應有的尊重，千萬不可表現出得理不饒人的尖銳態度。

•積極尋求解決之道

時間愈久，分歧可能導致的副作用就越大。

無論狀況多麼嚴重，都會有解決的方法，因此不該逃避問題，要以積極態度展開溝通，以求消除分歧，達成共識。

沒有化解不了的僵局

在與朋友相處過程中採取主動，不但不會損及面子，反而更能顯現出自己的大度和寬容。

爭執是友誼的一大殺手，因此在平日就該要求自己保有冷靜態度，並提高修養。而在糾紛發生後，則該以寬容、積極的態度釋出善意，透過成功的溝通修復彼此的感情裂痕。

與朋友建立關係不是容易的事情，卻往往因爲一點點小彆扭就完全毀掉，實在非常可惜。

若是與朋友發生糾紛，已經不是三言兩語能夠化解，且陷入進退兩難的嚴重僵局，可採取以下溝通對策：

• 保持冷靜

第一要務是得讓自己激動的情緒穩定下來，因爲只有冷靜才可能保持理智，客觀地、實際地與對方修好。

若在氣頭上，絕對記得不要貿然行事，以免後悔。

• 自我反省

實事求是地反省，分析自己的責任，不推諉，不放大，有一是一，有二是二，對的堅持，錯的改正。

特別注意，看待自己的缺點、錯誤和失誤，不要抱著得過且過，過度寬容放縱的輕率態度。

• 不翻舊帳

能做到不翻舊帳，才眞正具有度量。

不論雙方鬧僵的原因是什麼，都應予以諒解，萬不可在這些細節小事上爭個半天，互揭瘡疤，最後惱羞成怒。

要有不翻舊帳、不揭人短，「過去就過去吧」的氣概。

• 積極修好

一般說來，原本關係密切良好的一對朋友會鬧僵，絕對是雙方都有責任，只在程度大小與情節輕重的差別而已。

因此，無論如何都應當主動承認錯誤，去和對方溝通，設法和好。

在與朋友相處過程中採取主動，不但不會損及面子，反而更能顯現出自己的大度和寬容。換個角度來看，採取主動較容易使人感動，更有利於成見的消除，使重修舊好獲得成效。

審慎應對棘手的經濟糾紛

雙方坦誠相待，拿出誠意和善意，還是能夠達成一致的解決共識。抱持光明磊落態度，相信沒有解決不了的問題。

談錢容易傷感情，這似乎已經成了不變的「定理」。與朋友、特別是要好的朋友間，最好儘量減少經濟上的往來。千萬別以爲借點小錢沒關係，試想，若你向朋友借錢，但最後還不了或沒按約定時間與數額歸還，可能導致什麼樣的結果？

毫無疑問，絕對會影響今後的長期交往。

隨著社會變遷，人際關係越來越複雜，近年來，朋友之間出現經濟糾紛的例子屢見不鮮，一定要審慎應對。

若與朋友產生金錢經濟上的糾紛，應把握以下原則：

・對症下藥

糾紛發生之後，一定要確實把原因弄清楚，看看是不是有什麼誤會存在於彼此之間，導致溝通不良。

另外要記得「親兄弟，明算帳」，大可把經濟往來的帳目全部向朋友交代清楚，讓他相信你沒有不可告人的隱情。

・堅決按約定或契約辦事

若事先已有口頭約定或是白紙黑字的契約，就該遵照以解決糾紛，因爲這是最好的憑據。

不要讓私情主導一切，否則極有可能導致之後更大的困擾。

・共商解決辦法

當經濟糾紛發生，固然不可輕率面對，不當一回事，但也無須抱持太過悲觀消極的態度。

只要雙方坦誠相待，拿出誠意和善意，還是能夠達成一致的解決共識。抱持光明磊落態度，不企圖欺詐、惡意使壞，相信沒有解決不了的問題。

• 請求仲裁

若嘗試過各種方法後，雙方仍無法達成共識，找不出合宜的解決途徑，就只能訴諸仲裁機構或法院，按照有關法律或規範解決。但除非別無選擇，建議不要輕易採用這種辦法。

「渡盡劫波兄弟在，相逢一笑泯恩仇」，透過這句話彰顯出的氣度，相當值得我們學習。當站得更高，看得更遠，你就會發現朋友之間種種不快和誤解都是微不足道的小事情，實在不必要耿耿於懷或者斤斤計較。

相互尊重，有利於溝通

人與人之間的溝通交流都是相互的，投之以桃，才能報之以李。要想贏得真正的友誼，首先要懂得寬以待人的道理。

很多人與他人交往時，常常產生一種錯誤的想法，認爲好朋友之間無須注重繁文縟節，越簡單越好，因爲彼此已經相當熟悉，親密無間，還講究太多就顯得過於見外了。

其實，這種想法是不對的，友誼的存續應該以相互尊重爲前提，不能有半點強求、干涉和控制。以下，是與朋友相處、溝通時的幾項禁忌：

- 對朋友不要過於隨便

再親密的朋友，也不能隨便過頭，否則維持友誼的默契和平衡將被打破。與好朋友相處仍要保持客氣有禮，才不至於傷了彼此的面子與和氣。

應對客氣些，就不會輕易踩到對方的禁區。若是過於隨便，自然容易引起隔閡、衝突。如果事出偶然，還好解決，一旦形成慣性，雙方必定會一而再再而三地發生不愉快，導致關係疏遠，友誼淡化甚至惡化。

無論是多好的朋友，仍要保持應有的尊重，講究必要的禮節，才是正確的溝通交流之道。

・不可過度苛求

現實生活中，任何一個人都免不了有缺點，因此更不該對他人苛求，強硬地要求別人按照自己的想法做出改變。一味堅持己見不僅不能達到願望，還會導致雙方關係緊張。

林肯年輕的時候，待人處世不夠謹慎，甚至有些任性。他不但常常寫信指責別人，有時還故意將信扔在鄉間的道路上，讓路人拾起、散佈。

後來有一次，他在《斯普林日報》上發表了一封匿名信，嘲諷一位政客，沒想到對方不是好惹的，看到這封信後火冒三丈、怒不可遏，馬上騎著馬找上門，揚言要與林肯決鬥，拚個你死我活。

林肯透過這件事情吸取了寶貴的教訓，從此，他非但再也不寫挖苦別人、傷害別人的信，也不再嘲笑或指責旁人了。不僅如此，還經常告誡身邊的朋友：

「不輕易指責別人，自己也就不會受人譴責。」

「不輕易指責別人」成爲林肯最偉大的優點之一，值得每一位現代人借鑑。將「不輕易指責別人」的觀念套用在現代社會，也可以理解爲「不苛求別人」。畢竟我們每一個人都存在著一定的不足，不能做到某些事、達到某些目標，又怎麼能苛求他人呢？

人與人之間的溝通交流都是相互的，投之以桃，才能報之以李。要想贏得眞正的友誼，首先要懂得寬以待人的道理。

別因觸犯禁忌傷害了珍貴友誼

想與朋友保持牢固的友誼，就該時時提醒自己，避免踏入溝通的禁區，觸犯交際的大禁忌。

要想與自己看重的朋友保持長久的友誼，就要儘量減少犯錯或觸碰禁忌的機會。避免讓朋友感到被冒犯，可說是維持友誼、暢通溝通的基本。

若感到與朋友的交往出了問題，請先靜下心來檢討自己，是否犯了以下幾項容易導致溝通障礙的毛病？

• 不顧隱私

無論你與某位朋友之間的關係再好，也不能亂動對方的東西，刺探對方的隱私。朋友之間也分彼此，必須保持應有的尊重。

朋友之物，不經許可絕不可擅用，否則朋友就算礙於情面不當面說破，內心也會產生厭惡、防範心理，自然而然破壞了雙方的友誼。

•不拘小節

與朋友相處，應力求談吐大方，不矯揉造作或輕慢無理。

如果在朋友面前表現得過度不拘小節、不懂自制，將會使對方感到你粗俗可厭，從而產生輕蔑、反感等負面情緒。

有些人和朋友相聚時，容易信口雌黃，在朋友說話時肆意打斷，譏諷嘲弄，或顧盼東西，一旦出現這種情況，再親密的朋友也會覺得你缺少風度和修養，難免感到輕蔑。

所以，在朋友面前應要求自己表現得自然而不失自重。

•沒有信用

一個沒有信用的人，會使人感到不可信賴，甚至因此失去友情。若是連小小的承諾都無法履行，又怎麼能讓人相信呢？

有時候，對於朋友提出的要求，你可能習慣性地想也不想就爽快應承，事後才發現無法完成，只好失信於人。

你可能根本不把這樣的「失信」當作一回事，認爲朋友必定能夠理解，但事實上並不盡然如此。

你若經常讓朋友掃興、失望，即使他們不當面指責，也會在心裡責怪，認爲你是個不守信用的人，並逐漸疏遠。與朋友交往，一定要重信守諾。

•不識時務

去朋友家拜訪，若遇上朋友正忙於其他要事，或正接待重要客人，千萬不要自恃熟稔，就不分時間場合誇誇其談、喧賓奪主。一旦做出這樣的事情，必然會使對方的印象大打折扣。

行事、言談一定要顧及場合，根據情況做出最合適的選擇，千萬不要讓對方對自己產生反感。

•言語刻薄

有些人喜歡在大庭廣衆之下炫耀自己，不惜將朋友的短處或痛處抖出，亂用尖刻詞語，盡挖苦、嘲笑、諷刺對方之能事，以博取衆人的注意。

可想而知，這種行爲會導致什麼樣的後果。

若僅爲了一時的歡樂，落得得罪朋友、失去友誼的下場，實在太得不償失。必須切記，無論在任何場合、爲了任何目的，都千萬不可隨意譏笑朋友。

•固執己見

朋友相處，要懂得互相取長補短，向對方的優點學習，將所有的好意見充分採納。如果抱著驕傲態度，認爲自己無所不能、無所不知，輕視朋友的提議，必然會傷到朋友對你的感情。

不論中聽與否，朋友的提議都是本著好意爲出發點，你若冷淡不領情，會讓對方認爲自己不被放在眼裡，感情便會漸漸疏遠。

換個角度來想，多聽朋友的勸沒有壞處，畢竟再聰明的人也有疏忽的時候，多一個人幫助，看事情往往能更透徹，訂出的策略也會更高明。

正確地與朋友溝通，是加深友誼的根源。友誼可以很牢固，也可以很脆弱的，端看自己經營的態度是否仔細。想與朋友保持牢固的友誼，就該時時提醒自己，避免踏入溝通的禁區，觸犯交際的大禁忌。

感情，需要正確的修補與維護

沒有人不希望自己與他人的友誼能夠長久，懂得一些保持友情、暢通溝通的竅門，就可使生活少些悔恨。

相信大家都有過同樣的經驗，無論交情多老、感情多好，朋友間的相處，總免不了會出現一些小裂痕。這種時候，如果及時修補，就能防微杜漸。相反的，如果放任自流，小裂痕必定會變成大鴻溝，終至友情破裂。

當友情產生裂痕，無論自身立場是對或錯，你都該積極主動些，透過正確的溝通方式進行補救。

•主動真誠

不管是什麼原因，不管是誰的責任，既然友誼出現了裂痕，就要及時彌補。只消極被動地等待對方來找自己，賠禮道歉，不主動表示善意，不拿出修好的誠意，必定會使人失望。

此外，若光有表面的主動，缺少實際行動，勉強應付，或是只想藉虛情假意的言行暫時討好，則非但不能奏效，更會進一步傷及友誼。

切記，主動和好不等於軟弱，而是對友誼的眞誠和珍重。

•及時妥當處理

摩擦產生並導致裂痕後，彼此往往都需要冷靜思考、沉澱思緒的時間和空間。這種情況下，你可以請另一位好友做一些居中協調的工作，但不能逃避現實、一拖再拖，不去應對，以免因爲間隔太久導致裂痕過深，無法修復。

•耐心細緻

不能在做過一兩次主動修好的工作之後，就認爲自己已經仁至義盡，甚至因爲效果不理想感到自尊心受傷，惱羞成怒，再次發起火來。

缺乏耐心，不可能將已經造成的傷害撫平。

•真正拿出誠意

若是做錯事，一定要主動向朋友表示歉意。一句眞心誠意的道歉可以使緊張的氣氛迅速降溫，理所當然，你們的友誼也能走過危機，繼續維持下去。

•及時改正

道歉能幫助你贏得朋友的諒解，但被諒解後如不思改正，還是會再次失去友誼。只有及時、眞正的改正錯誤，才能讓道歉產生應有的效果。

不乏類似的例子：很多人由於不擅處理與朋友之間的關係，致使友情夭折，甚至幾十年的老交情也毀於一旦，數十年的心血付之東流。沒有人不希望自己與他人的友誼能夠長久，但眞正要達到目標卻不是那麼容易。

懂得一些保持友情、暢通溝通的竅門，就可使生活少些悔恨。

溝通大師

63

會說話，好辦事

作　　者　楚映天
社　　長　陳維都
藝術總監　黃聖文
編輯總監　王郡凌
出 版 者　普天出版家族有限公司
　　　　　新北市汐止區忠二街 6 巷 15 號
　　　　　TEL / (02)26435033（代表號）
　　　　　FAX / (02) 26486465
　　　　　E-mail：asia.books@msa.hinet.net
　　　　　http://www.popu.com.tw/
　　　　　郵政劃撥 19091443 陳維都帳戶
總 經 銷　旭昇圖書有限公司
　　　　　新北市中和區中山路二段 352 號 2F
　　　　　TEL / (02) 22451480 (代表號)
　　　　　FAX / (02) 22451479
　　　　　E-mail：s1686688@ms31.hinet.net
法律顧問　西華律師事務所・黃憲男律師
電腦排版　巨新電腦排版有限公司
印製裝訂　久裕印刷事業有限公司
出 版 日　2024 年 9 月第 2 版第 1 刷
ISBN◉978-986-389-946-4　　條碼 9789863899464

國家圖書館出版品預行編目資料

會說話，好辦事／
楚映天著.—第 2 版.—：新北市,普天出版
2024.4 面；公分. -（溝通大師；63）
ISBN◉978-986-389-946-4 (平裝)

普天之下・盡是好書
普天出版家族 Popular Press Family
凌雲文創 A-Plus Creative Company